原來孔子這樣說

傅佩榮——著

目錄

CONTENTS

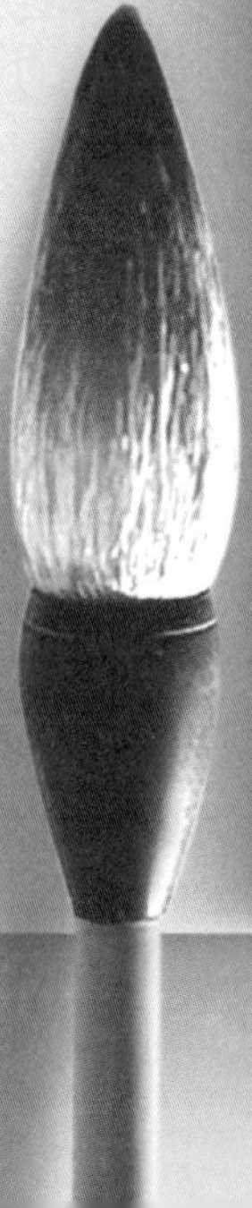

第二講 立志行仁

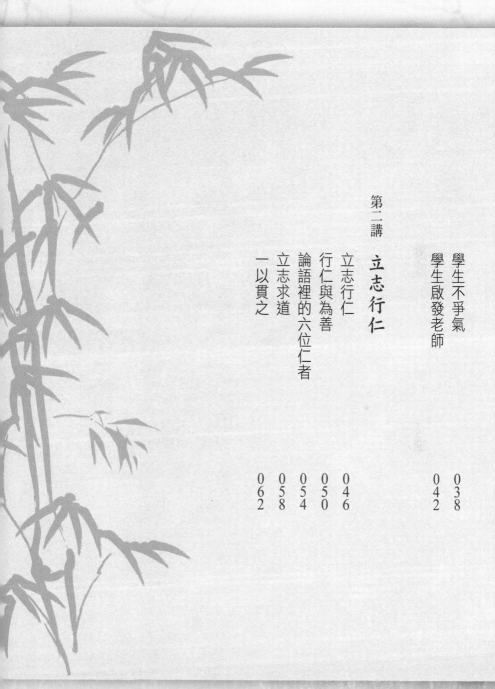

第六講　**社會責任**

第七講　**理解孔子**

前言

人人心中有孔子

每個人都希望成就自己的偉大，從平凡走向不平凡。如何才算偉大？怎麼樣可以稱作不平凡？若要回答這兩個問題，最好尋找一位典範人物，那麼孔子無疑是個首選。

我這麼說，難免受到某些人的質疑。因為自古以來，關於孔子形象的評價實在相當紛雜。其實，孔子自己就曾公開感嘆：「莫我知也夫！」意思是沒有人了解他啊！連他的及門弟子與同時代的賢者都無法了解他，這是什麼緣故？孔子在《論語》中不是說了許多話嗎？他對別人的提問，不是有問必答嗎？

原來孔子所關心的是他的「一以貫之」的道，是他所有觀點的核心理念。沒有把握這個理念，又如何說得清楚什麼是「我欲仁，斯仁至矣！」又怎麼可能做到

「有殺身以成仁」？他所謂的「仁」又與「道」關係密切，所以他換個方式說：「朝聞道，夕死可矣！」像這些涉及生死攸關的言論，在孔子是一語道破，在別人聽來卻是滿頭霧水。

更神奇的是孔子的志向。一般人最多做到像子路一樣，重視朋友的情義超過個人的財物：至於顏淵的志向，「無伐善，無施勞」，就有些像是空谷足音了，世間幾人做得到？那麼，孔子呢？「老者安之，朋友信之，少者懷之」。這是天下大同的理想境界，在人類歷史上未曾出現過的和諧社會。孔子以此為志向，試問有何依據？

他的依據在於人性論。孔子洞見人性的真相：一個人只要真誠，就會察覺內心有一股力量，要求自己行善；所謂善，是指自我與別人之間適當關係之實現。所謂別人，是指由近及遠，以至包括天下人在內。正是因為如此，他的志向才可能這麼開闊偉大：要以個人之力，為天下人謀求福祉。儒家的淑世精神亦依此而立，儒家學者從政做官，也完全是為了服務百姓的緣故。換言之，人性是向善的，人生之道只有「擇善固執」四字，而人生最高目標呢？自然是「止於至善」了。因此，個人生命之完成，必然促成人類社會之改善。

《原來孔子這樣說》的系列文章，原是我在電視台的講稿，所以文字較為口語化，目的是為一般朋友介紹孔子。今天這個時代，介紹孔子似乎成為一種風潮，這是一件好事。我在過去三十年來，也曾作過不少類似的工作，但似乎永遠做不完。此中原因不是別的，是孔子可以回應我們心中對自己成就不平凡人生的嚮往。人人心中有孔子，重要的是讓這樣的孔子有機會成長發展，並且充分展現他的活力。讓我們一起朝著這個目標努力。

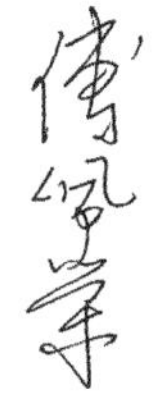

於台大哲學系

二〇一〇年八月

第一講

立志於學

孔子以身教和言教開啟了中國歷史上最具影響力的儒家學派，影響中國人生活的各個方面，直至今日。

孔子，名丘，字仲尼，生於公元前五五一年，時為春秋時代末期，周室衰亡，禮樂崩壞，文化傳統瀕於斷絕。孔子的祖先為宋國人（殷朝後代），後遷於魯國定居。他生於魯國鄹邑（今山東曲阜市附近的尼山），三歲時，父親叔梁紇去世；他由母親顏徵在撫養長大，接受一般鄉村孩子的教育，至十五歲告一段落，再自己立志學習，終於以博學知禮而聞名。

【孔子怎樣立志向學】

孔子十七歲時，母親去世。二十歲時娶亓官氏（宋國人）為妻，翌年生子孔鯉。孔子做過的職業包括委吏（管理倉庫）、乘田（管理牧場）與助喪（承辦喪事）等。三十歲前後就有學生求教並追隨他，形成獨特的師生團體，以講學修德與治國利民為目標。孔子學不厭而教不倦，學問與見識漸成系統，四十歲已可「不惑」，五十歲達到「知天命」，明白自己的天賦使命乃承啟文化道統。五十一歲至五十五歲，孔子在魯國從政，先後當過中都宰（縣長）、小司空（工程部門副長官）、司寇（司法部門長官）等職，位列大夫，政績卓越。但與當權者政見不合，且不滿魯定公沉溺美色等，終於去職離鄉，開始周遊列國。這一去，便是十四年，遍歷衛、曹、宋、鄭、陳、蔡各國，推行教化，知其不可而為之，甚至兩度面臨生命危險。六十八歲時，魯國新的執政者正式召請他回國。七十歲，獨子孔鯉去世。七十一歲，他最喜愛的弟子顏淵去世。七十二歲，忠心耿耿的學生子路去世。七十三歲，孔子辭世。

綜觀孔子這一生，其實並沒有什麼驚天動地的大事業，他卻以身教和言教開啟了中國歷史上最具影響力的儒家學派，成為兩千年來最偉大的「至聖先師」。孔子的智慧是什麼？首先即是「真誠」。人若真誠，將能體察內心有一股自我要求的力量，期待自己去行善。所謂「行善」，是指努力實現「人與人之間的適當關係」，亦即包含古代所說的五倫以及今日複雜多樣的人際關係。由真誠引發的社會關懷，將隨著個人角色的變動而由近及遠，其最高目標則是孔子親口敘述的志向：「老者安之，朋友信之，少者懷之。」這個看似不可能的任務，正好反映了人類生命的最高價值。只要肯定自己正朝著這個目標前進，自然可以心安理得。

其次，孔子重視知識和教育，給予理性思維極高的評價。他立志之後就非常好學，而且堅持了一輩子。他說：「十室之邑，必有忠信如丘者焉，不如丘之好學也。」（《論語．公冶長》）有十家人的地方，必定有忠信如我的人，但卻不像我這麼好學。他憑什麼斷定呢？就是因為他無時無刻不在讀書、學習。他說：「三人行，必有我師焉。」在世上生活，只要耳聰目明，開放心靈，整個宇宙、人類都可以成為自己的老師。最後，這樣的人往往是最傑出的，因為他得到了眾善之所長，就像所有的河流匯集到江海一樣。這就是孔子立志向學的情形。

孔子的學問有三個特點：

一、**學習傳統**。傳統包括「詩、書、易、禮、樂」五經。《詩》指文學，《書》指歷史，《易》指哲學，《禮》是社會規範，《樂》則是藝術修養。此外還有六藝，即「禮、樂、射、御、書、數」。禮是禮儀，樂是音樂，射是射箭，御是駕車，而書、數則是書寫、計算等技能。當時的人只要具備這六項條件，就可以在社會上立足了。孔子不僅學習傳統的智慧結晶，也習得傳統的技能，三十歲的時候，已經展現為人才的典範了。

二、**學思並重**。孔子知道光靠學習是不夠的，還必須思考，否則一味接受外來的資料與信息，沒有中心思想予以統合，難免導致混亂。他說：「學而不思則罔，思而不學則殆」（《論語・為政》）。光學習而不思考，到最後毫無心得，白學了；反過來，如果只就自己的生活經驗思考而不念書學習，就會陷於迷惑。別的不講，光是善惡報應，就搞不清楚。

三、**學行並重**。孔子的學並非理論而已，也是道德實踐。孔子說：「君子食無求飽，居無求安，敏於事而慎於言，就有道而正焉，可謂好學也已。」（《論語・學而》）也就是說，「好學」首先要降低物質享受的欲望，其次要在言行上磨練自己，再虛心向良師請益，使自己走上正途。孔子還說：「弟子入則孝，出則弟，謹而信，泛愛眾，而親仁。行有餘力，則以學文。」（《論語・學而》）把該做的事認真做好，行有餘力，再努力學習書本上的知識。有一次魯哀公問他，這麼多學生裡面，誰最「好學」？孔子說只有一個學生顏淵好學，很可惜已經過世了。為什麼只有顏淵好學？因為顏淵「不遷怒，不貳過」。這乃是道德實踐的表現，也說明了好學和具體的行動有關。

孔子立志於學，不是為了獨善其身，而是為了「己立立人、己達達人」，因此他在「學不厭」之後，還要「誨不倦」，由學而教，為人師表，開啟了平民教育的先河。他有教無類，有弟子三千，賢者七十二人。這些人各在德行、言語、政事、文學方面有所成就，成為當時知識階層的中堅力量，並且匯聚為儒家學派，影響中國人生活的各個方面，直至今日。

【珍惜時間】

走在人生路上，很多人覺得時間過得很快，過去的一切想留也留不住；未來呢？又很難把握。孔子有一次站在河邊說：「逝者如斯夫，不舍晝夜。」（《論語‧子罕》）消失的一切就像這樣啊，白天黑夜都不停息。「逝者」指時光，也是時光中的事件，人的生命當然也在其中。人的生命在時間裡展開，只有把握住時間，才能讓人生不至於虛度。人生不虛度又是為了什麼呢？如果把目標放在外在的事業成就上面，也是一種選擇；但在孔子看來，把握時間的目的是要「造就自己」。

孔子年輕的時候，對時間就有特殊的體認。別人恭維他是「天縱之聖」，孔子說，不是這樣的，一方面「我非生而知之者也，好古，敏以求之者也」（《論語‧述而》）。靠著努力向古代的聖賢學習，逐漸溫故知新、融會貫通，才取得眼前的成績；另一方面是因為「吾少也賤，故多能鄙事」。年輕時家裡貧困，沒什麼社會地位，為了養家餬口，不得不學會一些瑣碎的技藝。據孟子的記載，孔子曾替人看管倉庫，把帳目寫得清清楚楚；後來被派去管理牧場，一年下來，牛羊健壯，繁殖很多，因此受到別人的信賴。

儘管做了這麼多零碎、卑微的工作，孔子從來沒有忘記一件事：學習。他利用一切時間學習知識，提高自己的文化修養。在他生活的時代，普通人家的子弟到十五歲就不能再念書了，大學是專門為貴族子弟開設的。孔子不僅自學所有大學的內容，而且學得比一般貴族子弟好，以至於魯國的貴族孟氏請孔子當家教，教他的孩子禮儀。到了「三十而立」之後，孔子仍不放棄自我成長的機會。他說：「吾不試，故藝」（《論語・子罕》）。我不曾被國家所用，所以學得一些技藝。學習技藝的目的是謀得一官半職，可以發揮所長，貢獻社會人群；現在所謀未遂，只好繼續培養各種專長，等待時機成熟。這種態度對我們現代人深具啟發。在年輕的時候，必須了解生命是有階段的，必須先充實自己；如果沒有機會，先培養好條件，機會一出現，自然可以把握。孔子說，富與貴，每個人都要。但問題是，你夠這個條件嗎？如果條件不夠，時機不成熟，就要安分，把自己的事情先做好。怎麼做呢？珍惜時間，修練自己，「不患人之不己知，患其不能也」（《論語・憲問》）。

孔子提到兩種浪費時間的情況是「難矣哉」，很難走上人生的正路。第一種是：整天吃飽了飯，對什麼事都不花心思，這樣很難走上人生正途啊！不是有擲骰子下棋的遊戲嗎？去玩玩也比這樣無聊好些！

人最怕兩個字：無聊。有一次一位母親跟我聊天，談起她怎麼教育孩子。她對念小學五年級的孩子說：「假設你是媽媽，會怎麼教導像你這樣的孩子？」結果小孩說：「你不讓我無聊就好了。」換句話說，從小到大，每個人都怕無聊。無聊之後怎麼辦呢？說不定就會「飽食終日、無所用心」。孔子建議，那還不如去博弈吧。「博弈」兩個字要特別小心，不要當成「賭博」。孔子勸我們賭博，那還得了？博弈是指遊戲。人類為什麼需要遊戲？因為人活在世界上，受到各種條件的限制，大部分的成與敗都定了，很少有人可以改變。這時候通過遊戲制定規則，老闆也好，員工也好，大家機會均等，按規矩來玩，每個人都有獲勝的機會，人生的壓力也許就能在遊戲中化解一點。所以孔子說，無聊的時候，就算玩遊戲，下棋也好，打籃球也好，打高爾夫球也好，不管玩什麼，都比純粹浪費時間要好。

原 飽食終日，無所用心。難矣哉！不有博弈者乎！為之，猶賢乎已。

——《論語・陽貨》

第二種浪費時間的情況是：一群人整天相處在一起，說的是無關道義的話，又喜歡賣弄小聰明，實在很難走上人生正途。

我有個朋友在中學教書，一天中午休息時間，他坐在校園一棵大樹下面。樹的另一邊有三四個同學在聊天，不知道那一邊有老師在聽。我朋友說，他聽學生聊天聊了半個小時，最後得出結論，他們講的話沒有一句是有意義的。我聽了跟他說，學生上課已經很辛苦了，叫他們下課聊天還要講有意義的話，不是太嚴苛了嗎？而且到底有沒有意義，也不能以老師的標準來判斷。但是不管怎麼樣，我們要提醒自己，講話最好言之有物，說什麼事情，表達什麼思想或情感，要很具體、明確；不要整天言不及義，扯一些八卦新聞，或者賣弄小聰明，這樣是很難走上人生正路的。

原 群居終日，言不及義，好行小慧，難矣哉！

——《論語．衛靈公》

孔子非常了解時間在生命發展上的意義，人都有潛能，只要活著就可能登上更高的境界。走上人生正路的第一步，就是懂得珍惜時間。如果在年輕的時候，懂得把握時間，很可能有不凡的未來。孔子說「後生可畏」，年輕人值得敬重，因為不知道他們將來的表現怎麼樣。有時候看到年輕人好像一代不如一代，又不用功又不長進；但是先不要這麼快下結論，年輕人說覺悟就覺悟，說奮鬥就奮鬥，經常因為聽到一句話或看到一句話，就突然想通了，所以「焉知來者之不如今也」？不過，孔子在這句話後面加了一句，「四十、五十而無聞焉，斯亦不足畏也已」（《論語・子罕》），人如果到了四、五十歲還沒什麼好名聲，那就沒有什麼好值得尊重了。為什麼？因為名聲是慢慢培養起來的，四、五十歲，人生已經過了一大半，這時候還沒有培養起好名聲，就說明他不用心，沒有在成長的過程中努力奮鬥，這是很可惜的。

【用心專注】

懂得珍惜時間，就要好好利用時間學習。學習的祕訣是什麼？用心專注。孔子說：「學習時要像趕不上什麼一樣，趕上了還擔心會失去啊。」

在孔子看來，學習好像趕火車一樣，很怕趕不上，趕上了還怕失去。火車趕上之後，就不用擔心了，自然可以抵達目的地；但學習不同，學習最怕考試的時候忘記，念了半天，睡一覺起來要考試了，忘了。怎麼辦？再念。很多知識熟能生巧，多念幾遍，慢慢熟悉了，然後加以實踐，久而久之就變成一種能力。我們常常講，知識與能力兩者要配合起來，能「知」也能「行」，才是真正的學習心得。

孔子有個學生叫子夏，說了一句很好的話。

原 子曰：「學如不及，猶恐失之。」

——《論語・泰伯》

他說什麼叫好學？「日知其所亡，月無忘其所能，可謂好學也已矣」（《論語・子張》）。每天學習一點新東西，每個月再複習學過的，希望所學的沒有忘記，這就是好學了。孔子的另一位學生子貢，特別聰明，口才好，喜歡評論比較，說誰比誰傑出，誰哪一方面更好。孔子勸他，「賜也賢乎哉？夫我則不暇」（《論語・憲問》）。子貢，你已經很傑出了嗎？要是我，是沒有空閒的。換句話說，你沒有時間管別人的閒事，要管是管不完的，每天多少八卦新聞，多少莫名其妙的事情，如果關心這些事情，還剩下多少時間專心讀書呢？就像現在很多人喜歡看電視、上網，每天追逐很多新的資訊，說不定過幾天又發現這些信息是錯的、假的。既然如此，當初又何必花那麼多時間關心呢？所以孔子說，管別人的閒事，比較誰好誰壞，追逐新的信息，還不如安靜下來，修養自己，把所有時間用來專心學習。

據我所知，不管任何國家，所有偉大的人物，在年輕時沒有不喜歡專心學習的。也許後來有了成就，事情多了，心思不再能專注在學習上，但在年輕的時候，一定勝過同時代的人。想找到自己生命的方向，就一定要用功讀書。例如拿破崙，他說自己年輕的時候，抓到任何書都好像海綿吸水一樣，拚命念。因為他出身不好，沒有什麼學習機會，所以抓到書就念，而且學了之後還能夠消化吸收，成為自己的心得，後來才能建立很大的功業。再例如希臘的亞歷山大大帝，雖然只活了三十幾歲，但在小時候有幸遇到一位好老師：亞里斯多德。亞里斯多德是希臘大哲學家，他到馬其頓宮廷教十三歲的王子，這個王子後來變成亞歷山大大帝。亞歷山大大帝在那麼早的時代就能有全球化的觀念，想把功業推廣到世界各洲，就是因為從小跟著偉大的老師專心學習。知識開闊了他的心胸，開闊了他的視野，使他的眼界超出了同時代的人。可惜他後來走偏了，只知道用武力征伐其他國家。人在年輕的時候，不要管別人的閒事，養成專心學習的習慣，非常重要。年輕人心思比較單純，記憶力又好，這時候不學習就可惜了。年輕時候的學習，等於累積了資源，為將來的工作與生活打下了基礎，一旦有機會學以致用，就爆發出潛力，使人刮目相看。

《孟子》裡提到一個故事，說有兩個智商差不多的人，同時拜在圍棋國手弈秋的門下學習，結果學習成績大不相同。原因何在？第一位同學專心致志，認真聽講；第二位同學胡思亂想，以為會有天鵝飛來，準備要拿弓箭射牠，最後當然學習效果不同。《莊子》裡也講了一個故事，說孔子看到一位老人家黏蟬，技術出神入化，像在地上撿樹葉一樣，很快把一麻袋裝滿了。孔子請教他怎麼有這樣的本事？老人講得很簡單：「我用心專注，天地那麼大，都不能拿來跟我交換蟬的翅膀。為什麼？因為各種誘惑我通通不看，只看蟬的翅膀。」換句話說，你做什麼就要像什麼，今天做這件事就把它做好，現在念這本書就不要想別的書。如果學開車，心中想到游泳；學游泳，又想到打字；學打字，又念念不忘下棋，到頭來注定什麼都學不成。我記得以前念書的時候，上數學課看英文，上英文課看數學，為什麼？因為下節課要考那一科。結果該上的課沒上好，拚命準備下次要考的試，最後每一科上課都不專心，只是應付考試而已。所以不管學習還是做一件事情，不妨問問自己，我能用心專注嗎？能像孔子那樣，把學習當成趕火車嗎？能夠趕上了，還害怕失去嗎？如果做到這一點，那麼，什麼都可能學會。

【把握時機】

「學而時習之，不亦說乎」，兩千多年來，所有中國讀書人從小就對這句話琅琅上口。這話什麼意思呢？我跟學生說：「請你們用白話翻譯一遍。」學生一聽，沒反應了。為什麼？這麼簡單的問題，恐怕有詐。經我再三鼓勵。有個學生站起來說：「這句話的意思是，學了以後時常複習，不也覺得高興嗎？」他講完以後，我說：「反對的請舉手。」沒人舉手。我說：「那好，再問第二個問題。從小學念到大學，哪一個人是學了以後時常複習而高興的，請舉手。」沒人舉手。怎麼回事？是孔子講得不對，還是我們沒念懂？我想是我們念錯了。

孔子說：「學了做人處事的道理，並在適當的時候印證練習，不也覺得高興嗎？」

原 子曰：「學而時習之，不亦說乎？」

——《論語．學而》

這裡的「時」不是「時常」的意思，是「適當的時候」。例如孝順父母，要父母在場，才能夠孝順；學習游泳，要在游泳池裡或者江河湖水裡，才能夠練習。無論學習任何東西，還是做人做事，都要在適當的時候把所學加以印證練習，這樣就會感覺到高興。為什麼？因為通過實踐，有了體會，有了心得，覺得以前不懂的現在懂了，以前不會的現在會了，覺得自己的生命成長了，當然高興。其實，不光學習是這樣，治理國家也一樣。孔子說管理國家要「使民以時」，選擇適當的時候徵用老百姓服勞役。古代是農業社會，春耕、夏耘、秋收、冬藏，讓老百姓在春天蓋長城、築水壩，那農田怎麼辦？到了秋天，沒有收成，明年怎麼辦？所以孔子說，讓老百姓服勞役，也要找適當的時機，不要違背農業社會的基本原則。

孔子教導學生，能夠隨時點撥，因材施教。有一次他帶著弟子經過山上的橋梁，看到幾隻山雞「色斯舉矣，翔而後集」（《論語•鄉黨》），人的臉色稍有變化，山雞就飛起來了，在天空盤旋一陣之後，再聚到一起。為什麼人的臉色一變，山雞就飛走了呢？在旅遊景點或廣場之類的地方餵過鴿子的朋友，大概有類似體會。這些觀賞鴿有時候趕都趕不走，在你身邊跳來跳去，希望你給牠一點食物吃；但是如果你起了念頭，心想我抓一隻來吃烤鴿，牠立刻就飛走了。為什麼？因為鴿子會看人的臉色。人一有意念，就有一種力量表現出來。我們看武俠小說。常常看到人還沒出現，殺氣就來了，因為這個人動了殺人的念頭。念頭也是一種力量，亦即所謂的「念力」。動物很敏感，看到人的臉色一變，知道這個人恐怕要對自己不利了，立刻飛走。飛走之後，看看沒事，再飛回來。孔子看到這種情況，稱讚這些會看臉色的母山雞，「山梁雌雉，時哉時哉」。說牠們懂得時宜，該飛就飛，該停就停，能夠判斷時機。子路聽見老師稱讚山雞，就向這些山雞拱拱手。結果他一拱手，山雞又飛走了。

從這段故事可以看出，孔子隨時隨地觀察自然界的現象，加工之後，作為教材來教導學生。這個故事提醒我們，人也應該依時機而行動，懂得判斷「時」的重要。孟子就推舉孔子為「聖之時者」，能夠隨著「時機」改變而調整觀念與行為，當進則進，該退則退，做任何事都能夠恰如其分，這非有高度的智慧和修養不可。我們學習儒家，也要注意「時機」的重要，隨時隨地尋找啟發自己的機會。老師不見得常常在你身邊，自己要培養出比較敏感的心靈，看問題看事物，要想想自己從中得到什麼樣的啟發，學到什麼樣的教訓。只要有任何一點可以讓你學習，就要珍惜它，在生活裡加以實踐印證。人生其實沒有祕訣，端視如何把握時機，「學而時習之」，用心專注，不斷提高能力，讓自己不斷成長。這樣的人生，肯定愈來愈豐富。

【不厭不倦】

「學不厭，教不倦」這句話我們從小都知道。我自己在大學教書快三十年，很慚愧我是學就厭，教就倦。因為書是看不完的，念到最後發現能夠既有心得又有創見真是太難了。學習要有真正的心得，必須配合實踐；沒有實踐，只是書呆子而已。至於「教就倦」，是因為老師在學校教書，「學生是過客，老師是歸人」，學生來來去去，老師每年面對不同的學生，教同樣的教材，真的需要很大的耐心。但孔子不一樣，他能夠學不厭、教不倦，所以令人佩服。

孔子說：「默默存思所見所聞，認真學習而不厭煩，教導別人而不倦怠，這些事情我做到了多少？」孔子的特色是看到什麼、聽到什麼，就默默記下來，學習而不厭煩，教人而不倦怠。接

原 子曰：「默而識之，學而不厭，誨人不倦，何有於我哉？」

——《論語・述而》

著他說：「何有於我哉？」這句話有兩種解釋，第一種有點誇張，解釋為：這些事太容易了，「對我有何困難」，但這不太像孔子說話的口氣，孔子是很實在的人，不會這麼驕傲；第二種解釋是「何者能有於我」，這些事情我都沒有做到，這又太謙虛了，也不符合孔子的風格。孔子是「知之為知之，不知為不知，是知也」，很真誠，對於自己知道或做到的事，不會故意謙虛。我的理解是「何有於我哉」，這些事我做到了多少？在此，「多少」是側重「程度」，表示已經做得不錯了，但還要提醒自己繼續努力，求其更為完美。人生要常常記得「不錯但是不夠」這句話，這也是我的座右銘之一。念書念得不錯但還不夠，代表可以念得更好；做事做得不錯但還不夠，代表可以做得更好。只要想到還不夠，人就有了奮發向上的動力。

《論語》另一個地方也提到「誨人不倦」。孔子說：「像聖與仁的境界，我怎麼敢當？如果說是以此為目標，努力實踐而不厭煩，教導別人而不厭倦，那麼或許我還可以做到。」

孔子說這話代表有人稱讚他。他在魯國教的學生，很多後來都有傑出的表現。有人就說：「孔老先生您應該也算是聖人和仁者了吧？」孔子聽到之後，說「則吾豈敢」，不敢當。這倒不是客套話，孔子既不會驕傲自大，也不致故意謙虛。他說：「有十家人住的地方，一定有人跟我一樣忠信，但是比不上我這麼好學的。」

可見他對自己比別人好學這一點是很自信的。但是聖人和仁者這兩種境界太高了，他說「我不敢當，我能做的只是把聖與仁作為目標，不斷實踐而不厭煩，不斷教導學生而不倦怠罷了。」「學而不厭」「為之不厭」，知行配合，學習和實踐都不厭煩；光學習不厭煩，只是書念得好；配合實踐而不厭煩，那就不簡單了。這就是「不錯但是不夠」，好了還要更好，永遠向上奮鬥。

但「誨人不倦」只是老師的工作嗎？不是的，至少有三種情況與此有關。第一種是老師教學生，第二種是父母教子女，第三種是長官或老闆教導下屬或同人。自己有很多經驗和智慧，可是教導別人的時候會不會不耐煩呢？會的話，就要記得孟子那句話「人之患，在好為人師」，人們的毛病就是喜歡充當別人的老師，喜歡教導別人這樣做那樣做，但你自己做到了沒有呢？不一

原 子曰：「若聖與仁，則吾豈敢？抑為之不厭，誨人不倦，則可謂云爾已矣。」

——《論語・述而》

定。孟子講了一個比喻，說一個人最大的毛病是自己的田不耕，去耕別人的田，耕到最後收成的是別人，自己的田反而荒蕪了，這太可惜了。所以如果要教導別人，自己先要修養好，這是儒家的思想。怎麼修養呢？孔子提醒我們四個字：不厭不倦。

學習的內容其實非常多，可以學習不同的學科，不同的知識，向不同的人請教，這一來學習就變得多元、多樣了，讓人感到很豐富、很有趣，不會感到厭倦；在實踐的時候，一次沒做好，就再做一次；別人一次做完，我做一百次，別人十次做完，我做一千次，最後自然而然就做成了。至於教導別人，要記得孟子的話，「人之患，在好為人師」，教別人做的事自己首先要做到；自己沒做到，至少要跟別人說清楚，我們一起來努力。所謂「聞道有先後」，當老師的不見得比學生做得好，但是大家彼此鼓勵，共同上進，就能一起向目標奮鬥。

【老師幫不上忙】

孔子雖然「誨人不倦」「有教無類」，但也有教不來的學生。西方學者說有三種職業特別需要合作。第一種是農夫，農夫再怎麼辛勤耕耘，如果老天不配合不幫忙，再辛苦也不會有好收成；第二種是醫生，哪怕是華佗再世，開出的藥方病人不肯按時吃藥，不肯照吩咐保健，一樣治不好病；第三種職業就是老師了，一個老師教一班學生，教出來的效果個個不同，有的學生終身受用，有的學生過耳即忘。為什麼？學生的資質不同。孔子認為，有兩種學生是不必教也教不來的。第一種是不願意反省自己、認識自己的人。

孔子說：「不說『怎麼辦，怎麼辦』來提醒自己的人，我對他也不知道怎麼辦才好。」

換句話說，如果你想從老師那裡學到一點東

原 子曰：「不曰『如之何，如之何』者，吾未如之何也已矣。」

——《論語・衛靈公》

西，先要經常問自己「該怎麼辦」。能夠回答問題的人，往往是提問者本身。我教書教很久了，有時候學生提問，我回答完了，學生說：「這不是我的意思啊。」可他的問題明明就是這樣嘛。由此可知，回答問題的人有時並不能切中提問者真正關心的層面。況且老師再好，也不可能天天在你身邊。提問題是在教室裡，碰到問題是在實際生活中，如果自己不能反省思考，找到答案，老師也幫不上忙。所以每個人最好的老師就是自己。要作自己的老師，也要作自己的學生，從過去的經驗中了解自己的個性，反思自己的特質。希臘時代的戴爾菲神殿上刻著一句話：「認識你自己。」這是探討人生奧祕的箴言。直到現在，還有許多心理學家喜歡講這句話。你要先認識自己，了解自己，思考這一生到底要追求什麼。人生不能什麼都要，選擇了這個目標，可能就要捨棄其他欲望。只有先問過自己「該怎麼辦」之後，別人才有辦法提供建議。所謂「自助者天助」，就是這個意思。

還有一種學生孔子是教不了的，就是鄉愿。孔子說：「走過我的門口而不進我屋子，我不感到遺憾的，大概只有鄉愿吧！鄉愿是傷害道德的人。」鄉愿為什麼是傷害道德的人呢？他就是一般所謂的好好先生，貌似忠厚而其實沒有原則（或許這就是他的原則）。他們誰都不得罪，表面媚俗而心中毫無理想。他看到有人吵架，就說你們不要吵了，你們兩個都對。這種息事寧人、做和事佬的態度，導致是非善惡不分，只想著大家湊合著繼續過日子算了。這種人一多，社會還有正義嗎？講得更明白一點，鄉愿是不真誠的人，而儒家最強調「真誠」，強調自我反省，隨時注意自己跟別人之間的關係是否適當。所以孔子雖然有教無類，但有一種學生不教，就是鄉愿，因為他不真誠。

事實上，鄉愿也絕對不會向孔子請教，他認為自己早就認清了是非善惡的標準，知道「在什麼情況下，對什麼人說什麼話，做什麼事」，聰明才智都用在察言觀色、送往迎來，不但不會得罪人，反而人人都滿意他，好人如此，壞人亦然。像子貢這麼傑出的學生，都難免覺得困惑。他請教孔子：「鄉人皆好之，如何？」古人安土重遷，一鄉之人久居一地，不難互相認識。如果鄉人都喜歡他，這個人怎麼樣？反之，「鄉人皆惡之，何如」？孔子的回答令人驚訝。他說：

原 孔子曰：「過我門而不入我室，我不憾焉者，其惟鄉愿乎！鄉愿，德之賊也。」

——《孟子・盡心下》

「不如鄉人之善者好之，其不善者惡之。」讓好人喜歡我，壞人討厭我，這是最理想的。

在今日信息流通的時代，真正的鄉愿想面面俱到，討好每一個人，其實不太可能。以大家熟知的「利益團體」一詞來說，往往不分是非，只看利益，而利益必然互相衝突。要當鄉愿，勢必十分辛苦，讓人同情。即使如此，鄉愿的心態仍然到處可見，如「見人說人話，見鬼說鬼話」，對上級唯唯諾諾、奉承討好，對部屬疾言厲色、端出架子。做不成鄉愿，卻做成了小人。這樣的人，孔子不教，一點遺憾都沒有。

【學生不爭氣】

每一位老師都希望教出好學生，就像父母都希望孩子成龍成鳳。歷史上最令人羨慕的老師是誰呢？蘇格拉底。蘇格拉底沒寫過一個字，卻成為大哲學家，就靠他教到一位好學生：柏拉圖。柏拉圖的《對話錄》把老師蘇格拉底的思想用文字表達、記錄下來。

孔子也有一位非常傑出的學生，叫冉有，列政事科第一名。孔子的學生分德行、言語、政事、文學四科。政事科是當官從政的學生，第一名冉有，第二名子路。子路年紀比冉有大得多，孔子卻把他放在冉有後面。孔子多次稱讚冉有「藝」，多才多藝，能力很強。後來還推薦他做官，但是做得好不好呢？對於長官來說，非常好；對於底下人，就不一定了。結果冉有當了官，反倒成了孔子學生中的反面教材。季氏將祭祀泰山。孔子對冉有說：「你不能阻止他嗎？」冉有回答：「不能。」孔子說：「嗚呼，難道你們認為泰山之神不像林放一樣懂得禮嗎？」

林放也算孔子的學生，曾經向孔子「問禮之本」。孔子聽了很高興，說你提的真是大問題。「禮，與其奢也，寧儉；喪，與其易也，寧戚。」（《論語・八佾》）一般的禮，與其鋪張奢侈，寧可儉約樸素；至於辦喪事，與其禮儀周全，不如心中哀戚。這代表「禮」的本質在於內心情感是否真誠，而不在外在那些形式。當時冉有擔任季氏的總管，按照禮的規定，只有天子與諸侯可以祭祀境內的山川，季氏只是魯國的大夫，本來沒有資格祭祀泰山。孔子讓冉有勸季氏不要去，這是違背禮儀的事情。冉有也很誠實，他說：「我勸不了。」孔子說：「嗚呼！你以為泰山的神不懂得禮嗎？」

整部《論語》只有這個地方出現「嗚呼」二字，代表孔子非常難過，對冉有很失望。「泰山」代表泰山的神。有些人做壞事的時候，懷著僥倖心理，心想下一次祭獻多準備一點貢品，神就不會懲罰我吧？甚至還可能喜歡我。神如果真能被買通，又怎麼能算神呢？柏拉圖的《對話錄》裡說，一件事情因為神喜歡才是好事，或一件事情因為是好事所以神喜歡。泰山的神當然屬

原　季氏旅於泰山。子謂冉有曰：「女弗能救與？」對曰：「不能。」子曰：「嗚呼，曾謂泰山不如林放乎？」

——《論語・八佾》

於第二種，你做了好事我才喜歡，而不是只要我喜歡你，你做的壞事也可以變好事。沒有這樣的神，有的話也不是善神，因為神的本質一定是賞善罰惡的。

孔子讓冉有勸阻季氏不要去泰山祭神，冉有說，勸不了。他進一步解釋：「我不是不喜歡老師的人生觀，只是我的力量不夠。」孔子說：「力量不夠的人，走到半路才會放棄，你現在卻是畫地自限。」

冉有為自己辯解：「我不是不想勸阻季氏，而是我的力量不夠，做不到，說了季氏也不會聽。」孔子怎麼回答呢？他說：「你如果真的力量不夠，總要勸告一下，實在勸不動，你再放棄；但是你現在根本還沒開始勸，就說勸不成，這不是畫地自限，為自己找藉口嗎？」等於孔子根本不想聽冉有的解釋，對這個政事科第一名的

原 「非不說子之道，力不足也。」子曰：「力不足者，中道而廢。今女畫。」

——《論語．雍也》

學生很失望。

後來冉有做的事就更加讓孔子不能接受了。他幫季氏聚斂財富，最後季氏的財富超過了魯國的國君。孔子看了真的很生氣，他說冉有「非吾徒也，小子鳴鼓而攻之可也」（《論語・先進》），冉有不再是我的同道了，各位同學可以敲著大鼓批判他。「鳴鼓而攻之」，孔子說出這麼嚴厲的話，等於承認自己教學失敗，希望其他弟子找機會批判冉有，讓他及時悔悟。孔子認為讀書人做官是為了造福百姓，而不是討好長官。結果冉有讓他的長官越來越富有，這就代表百姓受到的盤剝愈來愈大。孔子對自己教出這麼個不爭氣的學生，實在非常失望。

【學生啟發老師】

教學相長。老師教導學生，學生有時候也會啟發老師，像韓愈說的：「弟子不必不如師，師不必賢於弟子，聞道有先後，術業有專攻。」在孔子的學生中，誰能帶給孔子啟發呢？《論語》裡提到的只有子夏。

子夏請教說：「『笑瞇瞇的臉真好看，滴溜溜的眼真漂亮，白色的衣服就已經光彩耀目了。』這句詩是什麼意思？」孔子說：「繪畫時，最後才上白色。」子夏接著說：「那麼，禮是不是後來才產生的？」孔子說：「能夠帶給我啟發的，是商啊。現在可以與你談《詩》了。」

子夏，姓卜，名商，字子夏，比孔子整整小四十五歲，是文學科的高材生。他對於文獻知識、《詩經》、《書經》特別熟悉。有一次他請

原 子夏問曰：「『巧笑倩兮，美目盼兮，素以為絢兮。』何謂也？」子曰：「繪事後素。」曰：「禮後乎？」子曰：「起予者商也！始可與言詩已矣。」

——《論語．八佾》

教老師說：「《詩經》裡有一句話我不太懂，『巧笑倩兮，美目盼兮，素以為絢兮』是什麼意思呢？」前兩句「巧笑倩兮，美目盼兮」出自《詩經・衛風・碩人》，是形容女孩子天生麗質，一笑起來眼珠滴溜溜轉，很好看；可是後面又加上一句「素以為絢兮」，穿上白色的衣服，非常光彩耀目。子夏覺得奇怪了，為什麼非要穿上白色的衣服，才很吸引入呢？

孔子回答了四個字：「繪事後素」。古代的繪畫是先上各種顏色，最後以白色分布其間，使眾色凸顯出來。這與後來的繪畫不一樣，後世造出很好的白紙，畫畫是在白紙上繪彩色。現在挖出來的漢帛都是有顏色的，接近咖啡色或樹皮的顏色，所以孔子那個時代畫畫要最後上白色，白色一上，前面黃的、紅的、綠的、黑的全都凸顯出來。換句話說，白色本身沒有顏色，卻可以凸顯其他彩色。

因此，「繪事後素」是說女孩子麗質天生，底子好，不必多作裝飾，只要穿上白色的衣服就很漂亮了。本來這時候可以下課了，子夏突然心血來潮，接著問了一句，「禮後乎？」「禮」是不是也是後來才產生的呢？孔子一聽，非常高興，「起予者商也」，能夠帶給我啟發的是子夏啊，現在可以跟你談談《詩》了。為什麼孔子聽到子夏的問題這麼高興？這與他對人性的觀察有關。很多人認為人是一張白紙，學了「禮」之後，等於加上了彩色，說話有禮貌，行事有分寸，文謅謅的。事實不然，按照孔子的理解，人性向善，本身就有各種各樣的顏色，而禮是後加上去的，是白色的，學禮是為了使人性原有的美質展現出來。因為任何彩色都需要真誠的情感，「禮」就是把人真誠的情感恰到好處地表現出來。由此可知，儒家推崇「禮教」的目的，是為了讓人的內心感受有表達的形式，這個形式是社會人群所共同接受的：而不是教人禮樂之後，變成一種包袱，反而束縛了人的自由天性。

《易經》裡有「賁卦」，卦象上面是山（☶），底下是火（☲），亦即「山火賁」。〈序卦〉說：「賁，飾也。」代表它可以作為裝飾。講賁卦時。有一句「上九，白賁，無咎」。《易經》每一卦分六爻，最後一爻叫上九（⚊）或上六（⚋），這一爻大部分都有凶兆或不利之兆，但在賁卦裡卻是「無咎」的意思。意思是：占到賁卦，本來是要裝飾的，但記得用白色來裝飾，就沒有災難了。為什麼？因為白色是最好的裝飾，能讓淳樸的本質和內在的本性凸顯出來。孔子認為，禮是白色的，它不是要給人性加上什麼色彩，而是把人內在向善的本質表現出來。

第二講

立志行仁

仁從真誠開始，當這種真誠而主動的力量出現之後，人格的尊嚴和價值不斷展現出來，人的生命有了自我完善的可能。

自古以來，聖賢教人一定要先「立志」。志向不立好，等於沒有方向。「志」是「士心為志」，士是讀書人，讀書人心之所向就是「志」。《論語》裡孔子三次提到立志，第一次是立志於求學；第二次是立志於行仁，第三次是立志於行道或求道。所以談到志向，三個字跟它有關，第一是學，第二是仁，第三是道。

【立志行仁】

「仁」是什麼？《論語》五百一十一段話中，有五十八段討論「仁」；「仁」字共出現了一百零四次。從《論語》開篇讀起，第三章就有一段很短的話：孔子說：「說話美妙動聽，表情討好熱絡；這種人很少有真誠心意。」

孔子這麼說是不是太嚴格了？在今天這個時代，找工作的時候，你一定要設法把話說得好聽，表情非常熱絡，才有機會。難道這樣做就「鮮矣仁」嗎？不要誤會，這裡的「仁」是指

原　子曰：「巧言令色，鮮矣仁。」

——《論語・學而》

「真誠」。

學習儒家首先要知道「真誠」二字的重要。人是所有動物裡，唯一可能不真誠的動物。你什麼時候看見貓學狗叫，或狗學豬叫的？沒有。只有人會偽裝，會造作，會選擇我要以什麼樣的方式跟別人來往。西方人談到「人格」用「person」這個字，「person」源於拉丁文「persona」，「面具」的意思，也即做人是要戴面具的。面具代表有各種能力，扮演不同的角色。碰到父母，你是子女；碰到兄弟姊妹，你是兄弟姊妹之一；在學校當老師，老師是你的面具；在家中為人妻，妻子也是你的面具；碰到不同的對象，本身的角色和身分也要跟著調整。這是西方人的觀察，儒家也一樣。人就怕一輩子都不真誠，一直在演戲、作秀，玩假的，那就沒意思了。

儒家講「仁」，從「真誠」開始，不虛偽，不掩飾，猶如赤子之心。《中庸》說：「誠之者人之道。」真誠是人生的正路。孔子說：「人而不仁，如禮何？人而不仁，如樂何？」禮樂是教化的主要內容，使人進入社會立身處世；但是如果只重外在的表現而忽略內心真實的情感，難免流於形式主義，裝模作樣，正好喪失了禮樂的真正目的——讓人有適當的途徑實現自我。

「真誠」牽涉到兩個問題：一、我要普遍對每個人都真誠；二、我的真誠也要看對象，什麼樣的對象要求我做什麼事，我都用真誠的方式把事做好，把角色扮演好。所以你可以「巧言令色」，但不要忘記內心的真誠。我在學校教書很久了，上課也會巧言令色，說話美妙動聽，表情討好熱絡，但我的心是真誠的，是為了讓學生願意聽。只要能從真誠出發，巧言令色不是問題。

「仁」的第二要求是「主動」。人活在世界上，從小時候開始，大部分的行為都是被動的。父母叫我們做這個，做那個；老師教我們這樣是對的，那樣是錯的；我們被要求守規矩，按原則，一切都納入規範。如果有一天沒有人管我們，沒有人督促我們了，我們還會主動做好事嗎？很難講，說不定只要沒人注意，我們就胡作非為了。所以人是否能主動行「仁」，關係到他的生命是不是屬於自己的。如果是被動的，什麼事都要別人看著、管著，那是在應付別人，萬一出了事，也會找各種理由、藉口。孔子有一句話叫：「仁遠乎哉？我欲仁，斯仁至矣！」（《論語・述而》）行仁的機會離我很遠嗎？不是的，只要我願意，「仁」立刻就來了。例如坐公車，上來一位老太太，我願意讓坐，立刻可以「行仁」；我過馬路，看到一位盲人伯伯，我幫他一把，馬上也是「行仁」。在生活中，只要跟別人來往，一定有很多機會可以「行仁」，但是必須從被動變主動，成為自己願意做的好事，才具有道德價值。孔子說：「為仁由己，而由人乎哉？」（《論語・顏淵》）人要行仁，須從自己開始，而不能從別人開始。別人不能幫你行仁，或強迫你行仁。如果是別人叫我做的，我只是別人的意志工具而已。行仁需要有個主體，就是你自己；主體確立之後，才能主動。

綜上所述，儒家所講的「仁」有兩個要求，一是真誠，二是主動。當這種真誠而主動的力量出現之後，就是孔子所謂的「立志行仁」，走上了人生的正路。走上人生正路，人格的尊嚴和價值會不斷展現出來，人的生命也具有了自我完善的可能。

【行仁與為善】

「善」與「惡」是我們熟悉的概念。有人問，儒家叫我們行仁，行仁與為善有什麼關係呢？它們是同樣的意思，或是有不同的內容？回答這個問題之前，我們先要問，孔子提到「行仁」以前，天下有沒有好人？當然有，而且多得很。既然這樣，孔子又何必另造一個「仁」字來鼓勵大家呢？直接講「善」不就行了嗎？可見，行仁和為善還是有差別的，關鍵在於一般人做好人，往往為了符合社會的規範或別人的期許，不見得知道為什麼要做好人。知道為什麼要做好人、做好事，牽涉到人性是什麼的問題。

儒家關於人性的看法，有兩種立場，一是本善，一是向善。「向善」是我這些年來研究儒家的心得。孔子有沒有說過人性是什麼呢？沒有明確說過，但他隱然接受的信念是「人性向善」。他說：「性相近也，習相遠也。」（《論語・陽貨》）「性相近」是指性本善嗎？如果是性本善，應該說性相同了。所以「性相近」是指性是可塑的，在每個人身上只是相近而已。孔子又說：「子欲善而民善矣。君子之德風，小人之德草，草上之風必偃。」當領導者體現善行時，老百姓自然聞風景從。說明人性有向善的共同趨向。因此「仁」這個字，雖然離不開「善」的涵義，卻不僅僅如此。孔子的「仁」與其說是名詞，不如說是動名詞，指涉動態的人之性：人性向善，也指涉動態的人之道：擇善固執。立志行仁，是從真誠覺悟了內心向善力量開始，積極主動要求自己為善。這樣的善行是由內而發的，不是為了任何外在的目的，只是為了我該不該這麼做。

孔子說：「只要立志行仁，就不會做壞事了。」

為什麼？因為「仁」既真誠又主動，真誠而主動為善，代表行仁的開始。在儒家思想裡，真誠與邪惡勢不兩立，因為人性是向善的，人性向善有一個重要前提，即人要真誠。一個人真誠向善，才會自發地要求自己做該做的事。

舉個例子，一家小小的店面，貼著「童叟無欺」四個字。第一種考慮是為了將來生意更好，不管老少，我一樣價錢，絕不欺騙，講信用；第

原 子曰：「苟志於仁矣，無惡也。」

——《論語・里仁》

二種是不考慮將來生意好不好，只為了我應該「童叟無欺」，我就要做到「童叟無欺」。行仁與為善的差別就在於此，儒家的行仁是第二種，是自我要求，是一種道德價值。我不考慮外在的利害，只考慮我該不該做。

接著孔子講到另外一段話。孔子說：「只有行仁者能夠喜愛好人，厭惡壞人。」

什麼意思呢？我們一般人是喜歡朋友，討厭敵人。但我們的敵人不見得就是壞人，他跟你為敵，恐怕是因為利益或觀念上的某些衝突。真正的仁者怎麼做呢？客觀判斷，沒有任何偏私之心或其他顧慮。不能因為這個人是我的朋友，他做了壞事我也包庇縱容；這個人是我的敵人，他做了好事，我也不加以肯定。這樣一來，就變成不問是非了。如果對方也按照這種方式對待你，恐怕你就要受委屈了。仁者對於壞人好人，都有客

原 子曰：「唯仁者，能好人，能惡人。」

——《論語・里仁》

觀的評價，絕不因為朋友或是敵人，而喪失了公正的原則。

這就是善者與仁者的差別。也許表現出來的行為一樣，但內心的動機卻有差異。「為善」可能還考慮到將來的利益或自己的私心，「行仁」則只考慮到自己該不該做，不管外在條件怎麼改變，也許要冒各種風險，也許會遭受批評，但是只要認為自己該做，就加以堅持。如果只考慮到外在的利害，那麼外在條件一變，你恐怕也就跟著變了。所以孔子對於「善人」總是不太放心，總覺得做好事做好人，可能只是做到外在各種善的要求，內心不見得覺悟了人性向善的力量，自我要求做該做的事。兩者開始很相似，後面的表現就可能「失之毫釐，謬以千里」了。

【論語裡的六位仁者】

人生有目的嗎？如果有，目的是什麼？如果沒有，活著又是為了什麼？這個問題如果問孔子，他恐怕會說，人生的目的就是「行仁」啊。聽到這樣的答案，大概每個人都感到有壓力。根據我的簡單研究，孔子在《論語》裡只稱讚六個人合乎「行仁」的要求，而且這六人當中的五位，下場都很淒慘。

《論語・微子》開篇就說，「殷有三仁焉」，商朝末年有三位行仁的人：微子離開了紂王，箕子淪為他的奴隸，比干勸諫他而被殺死。換句話說，這三人能夠入選，都跟一位有名的壞人——商紂王有關。第一位仁者微子啟是商紂王的庶兄，母親生他的時候還不是王后，只是「帝乙之妾」，後來被立為王后，生了紂，所以由紂

原 微子去之，箕子為之奴，比干諫而死。

——《論語・微子》

來繼承王位。紂王後來變壞了，微子屢次勸諫，紂王不聽，微子便跑到「微」這個地方——今天山西、山東一帶，是他的封國。後來武王伐紂，微子「肉袒面縛乞降」，袒露上身，雙手捆縛於背後，跪地膝進，左邊有人牽羊，右邊有人秉矛，向武王請罪。武王釋放他，宣布恢復他原有爵位，以示寬厚為懷。

第二位仁者箕子是商紂王的叔父。《史記‧宋微子世家》載：「紂為象箸而箕子唏。」看到商紂王變壞，只好裝瘋賣傻，被當作奴隸，後來關進牢裡。武王滅商後釋放他，親自向他請教治國之道。箕子不願當周朝順民，領了幾千人，經山東東渡朝鮮半島，創立了朝鮮歷史上的「箕子王朝」，周武王也就乾脆落個順水人情——「以朝鮮封之」，現在韓國還有箕子的墓和廟。

第三位仁者比干也是商紂王的叔父，被譽為「亙古第一忠臣」。他二十歲以太師高位輔佐帝乙，又受託孤，重輔帝辛，即紂王。兢兢業業了四十多年，輕徭薄賦，發展生產，富國強兵，卻在六十三歲上，因為諫言紂王被剖心而死。

這三位仁者的下場這麼悲慘，另外兩位仁者的下場也令人同情。他們是孤竹國的兩位王子，一個叫伯夷，一個叫叔齊。伯夷為了讓叔齊繼承王位，離開國都。誰知叔齊知道後，也跟隨而去。兩人都不想繼承王位，跑到西邊周武王的地盤。當時周武王正準備起來鬧革命。伯夷和叔齊說，你最好不要革命，因為商朝已經統治六百多年了，大家都習慣了，你起來革命等於造反。但周武王說，商紂那麼壞，不革命不行，要對百姓有交代。結果周武王革命成功，商紂王被殺，變成了周朝的天下。伯夷、叔齊兩兄弟就說，不行，我不要吃你周朝的食物。

其實食物哪裡分什麼周朝商朝？但這兩人非常清高，逃到首陽山上活活餓死。司馬遷寫《史記》時，特別給他們寫了列傳，替他們打抱不平，說：「天道能告訴我，這是怎麼回事嗎？為什麼這麼好的人有這麼可怕的命運呢？等於善沒善報，惡沒惡報。」可是孔子說，伯夷、叔齊這兩個人是「求仁得仁，又何怨」。他們所追求的是行仁，也達到行仁的結果，因此不會抱怨。那麼，行仁是不是都會下場很慘，甚至殺身成仁呢？孔子並不是這個意思，只是說：「志士仁人，無求生以害仁，有殺身以成仁」（《論語・衛靈公》），仁者不會為了追求活命而傷害仁義，他可以殺身成仁。但這是極端的情況，一般情況下沒有必要如此。

這五位之外，《論語》裡提到的第六位仁者是管仲。管仲的命運就完全不一樣了，他是齊桓公的宰相，一輩子只有年輕時比較辛苦，後來都是榮華富貴。這樣一個人，孔子為什麼稱讚他呢？因為他做了一件事，以外交手段避免了春秋初期的戰爭，使百姓不必經歷生靈塗炭。「桓公九合諸侯，不以兵車，管仲之力也」（《論語・憲問》），「民到於今受其賜」，以一人之力造福百姓，百姓到今天還受到他的恩賜。所以孔子說他合乎行仁的要求。

由此可見，儒家思想不是泛道德主義，不是說只要做好人就行，做好人不能離開外在的事功，事業、功勞與德行要配合起來，替眾人積極做一點好事，讓大家和睦相處，讓社會更為和諧。例如當縣長，能夠把整個縣治理得很好，孔子也會稱讚你做到了行仁的要求。

「仁」這個字，孟子說是上天給人最尊貴的爵位，是人活在世界上最安穩的住宅。儒家講「仁」是人生的目的，人活在世界上，從真誠開始，主動走上正路，一步一步把自己的生命跟大眾的福祉結合在一起，做自己該做的事情，甚至犧牲自己的生命也在所不惜。真正的儒家應該是這種立場。孔子本人雖然自稱「若聖與仁，則吾豈敢」，但他學而不厭，誨人不倦，最後以自己的德行和學問開創了儒家學派，使後世每個學過儒家的人，都能了解人生的目的在於「行仁」，由這個目的出發，人的生命才能不斷成長，最後達至圓滿的階段。從這個意義上說，孔子也是一位仁者。

【立志求道】

有一次，我得到機會到山東曲阜參觀孔子研究院。一進門就看到四句話，前兩句是「志於道，據於德」，再往裡面走，是「依於仁，游於藝」。孔子研究院一定認為這十二個字能夠代表孔子的思想，所以才放在進門的地方。但這四句話到底是什麼意思？為什麼先說了道、德、仁，最後又來了個藝術的「藝」呢？

孔子說：「立志追求人生理想、確實把握德行修養，絕不背離人生正途，自在涵泳藝文活動。」

第一個「志於道」，「道」代表人生的康莊大道，指人生理想或完美人格，所以要立志追求。也就是說，你要做一個人，不能只做生物而已，要立志於走上人生的正途。一般立志做什麼

原 子曰：「志於道，據於德，依於仁，游於藝。」

——《論語・述而》

事情的時候，代表現在還沒有做到，已經做到就不用立志了。志於道的「道」，恐怕一般人一輩子也做不到，但是做不到也要有這個志向，沒有志向就沒有方向，沒有方向，生命只會在原地打轉。

第二個「據於德」，「德」指個人的德行修養。一個人做好人做好事，修練自己的道德，到最後會有心得，這個心得一定要緊緊把握住，要不然進一步退兩步，就很可惜了。「據」是緊緊把握的意思。好不容易修練出一點德行，要好好抓住，不要退步，要一直往前走去。

第三個「依於仁」，「仁」是在個人身上顯示的人生正途。「仁」與「道」不同，「道」是人類共同的、普遍的路，「仁」不能離開個人，是個人的路，每個人都不同。例如你做生意，他是學者；你要選擇自己可以走的路去走，擇善固執，絕不背離，叫作「依於仁」。

最後「游於藝」，「藝」是六藝：禮、樂、射、御、書、數，可以統稱為藝文活動。「游」代表悠游自在，涵泳其中。人的生活不能太緊張了，一天到晚講人格、德行、仁義，神經繃得很緊，會帶來壓力。人的生命需要調節，「游於藝」是說休閒的時候，不妨下下棋、唱唱歌、打打球，放鬆一下。今天所謂的運動休閒活動都屬於「藝」的範疇。以前講孔子，很容易把孔子說成是硬梆梆的人，好像每天都在教導別人。其實不是的，孔子的生活很豐富，愛好廣泛，情感細膩，這都跟「游於藝」有關係。

接下來，孔子說：「士志於道，而恥惡衣惡食者，未足與議也。」（《論語・里仁》）讀書人如果立志走上人生正途，但卻恥於粗糙的衣服與惡劣的食物，這樣的人不值得與他多談，因為他的立志是假的。為什麼呢？因為以生活貧困為恥，代表他志向卑微。在孔子心目中，「士」，也就是讀書人，應該努力成為君子，應該努力培養才德、獲取官位、造福百姓。

孔子這麼說，並不是讓讀書人一定要過貧窮的生活，而是說讀書人心裡掛念的不應該是生活條件，而是人生的理想。所謂「士而懷居，不足以為士矣」（《論語・憲問》）。讀書人如果留戀安逸的生活，就沒有資格當讀書人。衣食住這種具體的生命要求，是人的必要條件，而非充分條件。人需要吃飯，不吃飯就會餓死，因此吃飯是人的必要條件。但是光吃飯，不足以做人，「足以」二字是充分條件的意思。那麼足以做人的東西是什麼呢？道。《論語》裡有一句話可以參考。子貢以前窮困，後來發財了，他請教老師：「如果貧窮而不諂媚，富有而不驕傲，老師以為如何？」孔子說，不錯了，但是還不夠好，「未若貧而樂道，富而好禮。」（《論語・學而》）「道」是人生正途。如果不論在什麼環境下，都能堅持行道，並且以此為樂，就接近「人之成」的境界了。所謂「三軍可奪帥也，匹夫不可奪志也」（《論語‧子罕》）。即使一國的軍隊可以被奪去主帥，一個老百姓的志向卻不可輕易放棄。如果放棄志向，就會分散、漂浮，失去人生的方向；就好像一艘船在茫茫大海裡航行，沒有了羅盤，它就根本沒有什麼「航海」的問題，只是在漂浮而已。用船行大海來比喻人生在世，是很恰當的。人生在世，如果能「志於道」，就會有方向；每天順著方向努力走，再怎麼慢，也有走到終點的一天。

【一以貫之】

「一以貫之」這四個字太重要了，孔子在《論語》裡說：「吾道一以貫之」。可惜很少有人知道他在說什麼。今天如果作測驗，讓從小學到大學的學生回答，孔子「一以貫之」的道是什麼？恐怕大多數人會說出曾子那句「夫子之道，忠恕而已矣」。「忠恕」果真是孔子的道嗎？

「一以貫之」第一次出現，跟孔子的學生子貢有關。子貢小孔子三十一歲，非常聰明，口才了得，是言語科裡的高材生。但聰明人說話愛犯一個毛病：比較。喜歡比一比誰好誰差。他觀察自己的老師，認為孔子「多學而識之」。

孔子說：「賜（子貢的名為端木賜），你以為我是廣泛學習並且記住各種知識的人嗎？」子貢回答說：「是啊，難道不是嗎？」孔子說：

原 子曰：「賜也，女以予為多學而識之者與？」對曰：「然，非與？」曰：「非也，予一以貫之。」

——《論語．衛靈公》

「不是的，我有一個中心思想來貫穿所有的知識。」

子貢以為老師年紀大，書讀得多，記憶力不錯，然後出來教學生，好像一個有腳書櫥。但孔子認為自己雖然有很多學問，卻有一個「一以貫之」的中心思想來貫穿。如果沒有中心思想把學說連貫起來，怎麼可能成為好老師呢？又怎麼可能成為好的哲學家呢？可惜子貢沒有接著請教老師，到底什麼是您一以貫之的東西？這個事情變成公案，不了了之。

我覺得孔子心裡大概很想找個機會公開說一下自己「一以貫之」的道是什麼。他教五經六藝，教禮樂詩書，卻不能教自己的思想。因為學生跟著老師念書，是希望將來做官，做官只問你知識學會沒有，不問你有沒有學孔子的思想，因為孔子當時還活著，還沒有成為大家推崇的哲學家。

孔子有一次上課主動對曾參提起這個話題。孔子說：「曾參啊，我的人生觀是由一個中心思想貫穿起來的。」曾參說：「的確如此。」孔子出去後，別的學生就問曾子：「老師所指的是什麼？」曾子說：「老師的人生觀只是忠與恕罷了。」

我覺得，曾子這個說法恐怕有些問題。第一，曾參的年紀比孔子小四十六歲，比他更年輕的學生只有一位子張，比孔子小四十八歲。就算他十五歲跟著父親曾點聽孔子的課，最多只有十年左右親炙孔子的機會。孔門資深弟子甚多，跟著老師周遊列國的都算在內，也不見得有誰可以了解孔子。第二，曾參在孔子的學生中屬於反應比較慢的，孔子說他「參也魯」，魯就是魯鈍，資質與慧根均非上乘。至於本性善良、事親盡孝，則是他的特色。因此，如果弟子中有人可以了解孔子的道，大概還輪不到他。第三，孔子自己曾經嘆息：「沒有人了解我啊！」「知我者其天乎！」（《論語・憲問》）。

但是為何孔子會選擇曾參來表示心意呢？也許因為曾參年紀較輕、比較好學，也許因為曾參正好在孔子身邊。結果孔子主動提起這個話題，曾參卻回答：「的確如此。」孔子聽了，馬上離開教室，反應很激烈。也許他本來希望曾參回答：「何謂也？」老師，您一以貫之的道是什麼？沒想到曾參居然說：「是的。」連這麼年輕魯鈍的學生都懂得我的道，那我還說什麼呢？……

原 子曰：「參乎！吾道一以貫之。」曾子曰：「唯。」子出，門人問曰：「何謂也？」曾子曰：「夫子之道，忠恕而已矣。」

——《論語・里仁》

後面悲劇就發生了。別的學生問曾參，老師說的道是什麼？曾參回答：「老師的人生觀只是忠與恕罷了。」最後三個字「而已矣」太不負責任了，孔子這麼重視的一以貫之的道，居然被曾參說成「忠與恕而已矣」，這是初中生說話的口吻。

這是孔子教學失敗的案例。「忠恕，違道不遠」語出《中庸》，忠恕離開道不遠，代表忠恕並不是道，只是離道不遠而已。孔子的道絕不只是「盡己之謂忠，推己及人之謂恕」（朱熹《論語集注》），這只是人我關係，為立身處世的原則。孔子的道還包括知行：我所知道的跟我的行動一致；包括生死：如何生與如何死；包括天人：天命與人性，這些都可以歸結為一個字：仁。「仁」才是孔子「一以貫之」之道的標準答案，所以他才會說出「殺身成仁」、「蹈仁而死」這樣的話。曾參所說的「忠恕」，只是他自己對於孔子人生觀的理解，並不等於孔子的思想。我們讀《論語》時，對於孔門弟子的話要有所分辨，就是：學生的話代表他們個人的心得，而未必「完全等於」孔子的想法。而且孔子過世時，曾子才二十七歲，即使認真致力於學與行，仍不表示他在年輕時就能領悟孔子一以貫之的道是什麼。我們後來看他談到「任重道遠」，指出仁與死的關係，則又顯然肯定「仁」才是「一以貫之」之道了。

第三講

自我修養

所謂的學習是在「成己」之後再設法「成人」，這也是我們學習儒家的意義所在。

宋朝一些學者認為孔子是天生的聖人，好像孔子生下來就很完美，很偉大。事實並非如此，如果孔子生下來就這麼偉大，我們也不用跟他學了，因為「生而知之」，學也學不到。他的學生推崇他是可以理解的，子貢就說過：「夫子之不可及也，猶天之不可階而升也。」老師讓我們趕不上，就像天空是沒有辦法靠樓梯爬上去的。不過孔子一定不認同這種說法。他自己說「吾少也賤，故多能鄙事」，年輕的時候貧寒低賤，所以學會了很多事情。也就是說，孔子的知識、品德和能力，是靠著後天慢慢修養提升上去的。

【化解我執】

原 子絕四：毋意、毋必、毋固、毋我。

——《論語・子罕》

在孔子看來，自我修養最主要的一件事，是要化解自我的執著。孔子完全沒有四種毛病，就是：他不憑空猜測，他不堅持己見，他不頑固拘泥，他不自我膨脹。

這四點都是針對自己來下工夫。首先就「意」來看，每個人都有想像力，都可以猜測事理。一般而言，在事情尚未發生、理由尚未查明之前，我們都喜歡發揮想像力，憑空猜測，沒有證據也沒有理由，就認為如何如何。我們說話，開頭經常是「我認為」「我以為」，想當然爾，對於實際狀況不夠尊重，甚至主觀意志往往勝過客觀真相，加以曲解，指鹿為馬，顛倒黑白。還有人則喜歡表現聰明，預先猜想結果，猜對了是先見之明，猜錯了是事有蹊蹺。這或許有些益智遊戲的性質，可以用來打發時間，但不足以認真當一回事。孔子不會犯這個毛病，他是「毋意」，不憑空揣測。

其次，「必」，堅持己見。「毋必」是指不全盤肯定、堅持一定要如何，不會在別人跟自己意見不一樣時，認為我一定是對的。所有言論都是以「全稱命題」最有力，例如「所有人都好學」，當然要比「有些人好學」更能顯示說話者的權威。但是麻煩亦在於此，全稱命題的弱點很明顯：只要找到一個人不好學，就站不住腳了。因此說話或判斷時，最好留些餘地，以免將來後悔。我們應該堅持自己的原則，但在涉及他人時，就須有寬容的心胸。

接著，「固」是不知變通的意思。人的習慣，不論思想或行為，一旦形成之後，就不易改，僵化而不知變通。但是時代變了，趨勢變了，如果一味堅持以前老的作法是行不通的。孔子「毋固」，懂得變通，鼓勵大家不斷學習，因為「學則不固」，見多識廣之後。可以避免頑固執著，自己的心情也會比較開朗。

最後，「毋我」是指不自以為是。在社會上跟別人來往，很容易自我膨脹，稍微有一點成績，就認為自己超過別人。孔子不自我膨脹，因為儒家對於人我關係首重「恕」字。「如心為恕」，就是將心比心，為人設想；「己所不欲，勿施於人」，凡是牽涉到別人的言論，都要謹慎為之，以免盲目膨脹自我而否定別人，形成各種不必要的困境。

「意、必、固、我」是連續發展的步驟，一步走錯，陷於主觀的臆測，堅持己見，不知變通，就很可能自以為是，把想像當作信念來堅持，反而看不清事理的發展。一塊錢的銅板雖小，若是緊靠眼睛，也會遮蔽一切陽光。所以君子修養，主要是化解我執。聰明才智越高的人，越容易陷入自我中心的困局。他所見的一切，都由自己的角度出發，可以形成合理的系統，看起來無懈可擊；加以辯才無礙，面對別人的質疑，也可以說得頭頭是道。孔子是天資極高的人，卻反其道而行之，努力超越自我中心的困局，「意、必、固、我」這四種毛病都沒有，在修養上是下了很深的工夫。他被孟子推為「聖之時者」，就是能不陷於自我執著，隨著「時機」改變而調整觀念與行為。

有人說，我們常常講不要執著，儒家又強調擇善固執。一方面不要執著，一方面又要固執，這兩者是不是矛盾？要了解這個問題，首先要分辨兩種欲望，第一種是自我中心的欲望，第二種是非自我中心的欲望。如果欲望是自我中心的，那就是執著；欲望不是自我中心的，代表不是為了自己的利益來考慮，這時候就可以變成擇善固執。儒家固然堅持仁義，但在實踐上也有所變通，以「通權達變」為原則。能夠作到毋意、毋必、毋固、毋我，才能真的行善。因為善是我和別人之間適當關係的實現，每一人跟別人來往都要尊重別人，如果有自我執著，怎麼可能跟人有良性的溝通和互動呢？

除了「毋意、毋必、毋固、毋我」，孔子每天還擔心四件事情。孔子說：「德行不好好修養，學問不好好講習，聽到該做的事卻不能跟著做，自己有缺失卻不能立即改正，這些都是我的憂慮啊。」

原 子曰：「德之不修，學之不講，聞義不能徙，不善不能改，是吾憂也。」

——《論語．述而》

如果不看前面「子曰」兩個字，只看不修、不講、不能徙、不能改，會覺得太可怕了，但不要忘記，這個人是孔子。孔子每天自我反省，得到他真傳的曾參說：「吾日三省吾身：為人謀而不忠乎？與朋友交而不信乎？傳不習乎？」每天反省的內容是問自己有沒有錯，而不像我們一般人反省時，都在問誰害了我啊？誰在背後整我啊？誰在後面罵我啊？真正的儒家從來都是由「反求諸己」來自我修練，所謂的學習是在「成己」之後再設法「成人」，這也是我們學習儒家的意義所在。學習古代先聖先賢的觀點，不是因為他們被稱作先聖先賢，而在於他們實際上留下了什麼樣的話語，什麼樣的言行表現。如果我們也把「德之不修，學之不講，聞義不能徙，不善不能改」當作每天憂慮的問題，那還擔心什麼呢？幾年之後，必然改頭換面，變成更好的人了。

【欣賞曾點之志】

曾點是曾參的爸爸。整部《論語》裡，曾參經常出現，曾點只出現一次，但這一次就夠了，因為他的表現讓孔子非常欣賞。

有一次，孔子與弟子子路、曾點、冉有、公西華四人聊天。孔子說：「我的年紀比你們大一點，希望你們不要因此覺得拘謹。平日你們常抱怨說沒有人了解你，假設有人了解你，你要怎麼做呢？」等於是請他們各抒己見，談談各人的志向。子路先說了——子路年紀大又勇敢，往往都是他先說話。他說：「一千輛兵車的國家，夾在幾個大國之間，外面有軍隊侵犯，國內又發生饑荒。如果讓我來治理，只要三年，就可以使老百姓變得勇敢，並且知道人生的道理。」子路的志向是治國平天下，這當然是很好的志向，但讓人覺得他把話說得太滿了，毫不謙讓。所以他講完之後，孔子微微笑了一下，沒說話。

冉有接著說——他比較客氣。他說：「縱橫六七十里或五六十里的地方，如果讓我來治理，只要三年就讓百姓富足；但是禮樂方面的教化，則需另請高明。」冉有的志向也是治理一方，但他有自知之明，知道自己只能把經濟方面搞好，禮樂教化則要另請高明。然後，輪到公西華，他很謙虛，說：「我不敢說自己可以做到，只是想要這樣學習：宗廟祭祀或者國際盟會，我願意穿上禮服戴上禮帽，擔任一個小司儀。」他的志向是作外交官。

三人講完之後，還剩下曾點一人沒說。這時候他正在負責背景音樂，別人聊天談話，他在一旁鼓瑟。孔子問：「曾點你的志向怎麼樣呢？」接下來這段描述非常生動：曾點鼓瑟的聲音漸稀，然後「鏗」一聲，把瑟推開，站起來回答：「我與三位同學的說法有所不同。」孔子說：「有什麼妨礙呢？各人說出自己的志向罷了。」曾點說：「暮春三月時，春天的衣服早就穿上了，我陪同五六個大人，六七個小孩子，到沂水邊洗洗澡，在舞雩臺上吹吹風，然後一路唱著歌回家。」孔子聽了，讚嘆了一聲，說：「我欣賞曾點的志向啊！」

孔子為什麼對前三位學生的志向都沒有特別

原 鼓瑟希，鏗爾，舍瑟而作。對曰：「異乎三子者之撰。」子曰「何傷乎？亦各言其志也。」曰：「莫春者，春服既成；冠者五六人，童子六七人，浴乎沂，風乎舞雩，詠而歸。」夫子喟然嘆曰：「吾與點也！」

——《論語．先進》

稱讚，卻非常欣賞曾點的理想呢？

在許多人看來，曾點這算不得什麼志向，等於春遊嘛！孔子居然很欣賞，為什麼呢？因為前三位同學的志向都有條件，要看別人給不給機會。志向如果是做官，不管內政、外交、軍事，別人不給你機會，就實現不了。每天都在等著別人給機會，等不到怎麼辦？這一生就放棄了嗎？所以在社會上發展的志向是有求於人的，所謂「有所求，必有所待」，而「遭時不遇，有志未伸」的情形比比皆是。

但曾點不一樣，他的志向是配合天時、地利、人和，隨遇而安，自得其樂。第一「天時」，春天快結束了，這時就做春天快結束時能做的事情，例如春遊，不要想夏天幹什麼，秋天多麼好，冬天又如何，把握現在這一刻就行了。第二「地利」，魯國曲阜附近有一條河叫沂水，住在附近，就地取材到沂水邊洗洗澡，吹吹風，就很快樂了；不能說一定要游長江、游黃河才快樂。河邊還有舞雩臺，就是古代求雨的臺子，也算是個景點，登上去玩耍一下也很好嘛。第三「人和」，大人五、六個，小孩子六、七個，有幾個算幾個。不是一定非有五十個人，你才出門。曾點短短一句話，兼顧了「天時、地利、人和」，任何時候都可以自得其樂。這種志向其實是一種生活態度，一種生命情調，是就人的生命而論，而不是將人視為工具、手段來使用。人活在世上短短數十年，所有追求得到的東西都可能失去，因為那是由外而來的；唯一不能從你手中奪走的東西，是由內而發的。也就是說，人活在世界上，求人不如求己，你不能選擇時代，不能選擇社會，只有隨遇而安，自得其樂，設法就天時、地利、人和，找到自己能做的事情去做。不需要別人給你機會，你自己就可以創造機會。這叫作「無志於外，有志於內；無志於用，有志於體」，看上去似乎以無志為志，其實可以因時因地而制宜，在平凡的生活中品味生命的美感，人生亦因此立於不敗之地。所以孔子才會嘆一口氣，說：「我同意曾點的主張啊！」

從這段對話可以看出，孔子雖有「淑世精神」，到處周遊列國，奔走呼號，希望天下走向正途，但是他也很清楚，想在世間成就任何一番功業，都須依賴主觀、客觀條件的配合，不是光靠努力就可以達成的。孔子重視人的道德修養，毋庸置疑，不過人生除了道德，還有知識、審美、宗教等各方面領域；人除了求善，還有求真與求美的天性。即使一無所求，人也可以培養自在和樂的生活情調。孔子絕非狹隘的道德主義者，他對於充滿審美情調的生活是很嚮往的，希望能跟曾點一樣過著悠閒愉快的生活，每天都充滿豐富的美感，與大自然的韻律相摩相盪，自得其樂，任意逍遙，沒有煩惱憂愁。這種類似道家隱士的生活，孔子雖然內心渴望，但他畢竟還是儒家，生逢無道的亂世，百姓顛沛流離，知識份子應秉承入世濟世的使命和責任，如何忍心只追求個人幸福而棄天下蒼生於不顧呢?所以，對此志向，孔子雖深有同感，也只能讚嘆罷了。

【困惑來自何處】

很久以前，我認識一位外國朋友，他看起來滿年輕的。我問他：「你今年幾歲啊？」他說：「而立之年。」我一聽，嚇一跳。早知道他說話這麼文雅，就該問他「貴庚幾何」。我們都知道，而立之年來自孔子的「三十而立」，不惑之年來自「四十而不惑」。有很多朋友告訴我，四十不是不惑，而是大惑啊！到了四十歲，才發現人生的困惑真的非常多。年輕的時候照著父母的安排、老師的教導，受教育、做工作，到了四十歲，成家立業已經完畢，自己面對人生的各種狀況時，困惑反而出現了。孔子有沒有困惑呢？當然有，不然他不會說「四十而不惑」。《論語》裡談論困惑的題材很少，只有兩次。一次是孔子的學生子張請教老師如何提升德行與分辨困惑。

孔子說：「以忠誠信實為原則，認真實踐該做的事，這樣就能增進德行。喜愛一個人，希望他活久一些；厭惡他時，又希望他早些死去，既要他生，又要他死，這樣就是迷惑。」

我們聽到這句話會覺得驚訝，因為談的好像是感情的問題嘛。感情上有時候愛恨交加，對一個人又愛又恨，一下希望他活得久一點，一下又想他趕快死了算了。

這種情緒孔子認為就是困惑。由此可見，困惑首先來自情緒上的不當反應。人的情緒很容易因為個人主觀和外在客觀有落差，產生各種猜測、懷疑，變成情緒上的喜怒哀樂，從而造成困惑。想作到不惑，首先要設法調節自己的情緒，不走極端，對任何事情都保持體諒。法國有一句話說得好：「了解一切就會寬容一切。」對人了解越多，就越能諒解寬容他為什麼這樣做。千萬不要用自己的標準衡量別人，因為這樣對別人並不公平。有時候看到別人犯錯，會想如果我是他，說不定比他錯得更嚴重；覺得自己做得還可以的時候，就想如果別人是我，可能做得比我更好。這樣兩方面去想，就比較沒有問題了。

第二次談困惑，是孔子的學生樊遲請教三個問題，「敢問崇德，修慝，辨惑？」如何增進德行，消除積怨與辨別迷惑？孔子說：「問得好！

原 子曰：「主忠信，徙義，崇德也。愛之欲其生，惡之欲其死，既欲其生又欲其死，是惑也。」

——《論語・顏淵》

原 子曰：「善哉問，先事後得，非崇德與？攻其惡，無攻人之惡，非修慝與？一朝之忿，忘其身以及其親，非惑與？」

——《論語・顏淵》

先努力工作然後再想報酬的事，不是可以增進德行嗎？批判自己的過錯而不要批判別人的過錯，不是可以消除怨恨嗎？因為一時的憤怒就忘記自己的處境與父母的安危，不是迷惑嗎？」

這裡的迷惑又和情緒有關。如果因為憤怒而傷害別人，別人報仇時，恐怕你的父母也要跟著遭殃。所以憤怒的時候，要學會節制自己的情緒，如果一時想不開，怒從心頭起，惡向膽邊生，就無所顧忌了，很可能造成追悔莫及的後果。憤怒是最值得注意的情緒。美國有一本書叫作《*EQ*》，所謂的「情緒智商」。翻開扉頁，第一句話就引用了亞里斯多德的名言：「生氣誰都會，但什麼時候對什麼人生氣，生氣到什麼程度。這是很難學會的。」生氣誰不會？只要心想事不成，跟別人有一些誤會，甚至等車車不來，等飛機飛機不來，都會生氣。但什麼時候生氣，對誰生氣，生氣到什麼程度，是不是能夠適可而止，這是很難的修養。

孔子兩次回答學生提到的困惑，都跟情緒有關，說明古代已經注意到情緒智商的問題。人再怎麼聰明，如果不能控制自己的情緒，不能體諒別人，不能跟人互動，不能彼此協調，恐怕最後都會造成困難。如果毫不自我約束，隨便發脾氣，就會做出許多後悔的事情。李安的電影《綠巨人》，說的就是一個人一生氣，馬上變成巨人，力大無比，沒人擋得住他，造成許多追悔莫及的事情。孔子說：「以約失之者，鮮矣。」（《論語・里仁》）因為自我約束而在言行上有什麼過失，那是很少見的。自我約束首先要從情緒管理開始。每個人都有喜怒哀樂，在該發的時候就發，但是要發而皆中節，恰到好處，適可而止，做到這些，人生的困惑自然可以化解，我們也才有希望做到「四十而不惑」。

【「克己復禮」新解】

幾年前，香港的《明報月刊》連續幾期刊登學者討論「克己復禮」的文章。「克己復禮」是春秋時代的一句格言，兩千多年來，許多學者把這四個字分為兩半解釋：「克己」是克制約束自己，「復禮」是實踐禮的要求；合起來就是：克制自己的欲望，使言語行動都合於禮。這種解釋表面看起來沒有問題，甚至有一些老生常談的味道，但仔細分辨，問題來了：一、欲望一定不好，以致必須克制嗎？二、欲望若是隨人性而來，則人性豈非具有惡的成分？三、禮是外加在人性之上的規範嗎？人的欲望是惡的，只有合於禮才是善的嗎？這些是無法迴避的問題。像顏淵這樣第一流的學生，請教孔子什麼是「仁」時，孔子的回答居然是「克己復禮」，這是怎麼回事呢？

顏淵請教如何行仁。孔子說：「能夠自己作主去實踐禮的要求，就是人生正途。不論任何時候，只要能夠自己作主去實踐禮的要求，天下人都會肯定你是走在人生正途上。走上人生正途完全靠自己，難道還能靠別人嗎？」

「仁」這個字是孔子思想的核心觀念，顏淵是孔子最好的學生，最好的學生問核心的觀念，孔子因材施教所說的答案一定是他一生思想的精華，而這個精華就是

「克己復禮」。在此，「克己復禮」不是分兩半說的，而是合而觀之，一氣呵成。「克」作「能夠」講，「克己」是能夠自己作主，「復禮」是實踐禮的要求。能夠自己作主去實踐禮的要求，就是「仁」，也就是人生正途。如此一來，就不必擔心欲望是善是惡的問題，把焦點轉向人的主體自覺，轉向人的主動與負責。

如果「克」為「克制」，「克己」說明自己有問題才需要克制；「復禮」則代表「禮」是善的，「己」是偏惡的。「己」與「禮」對立，這就很接近荀子的「性惡論」了。荀子以「禮」作標準，認為人性是惡的，行善是人為的。這豈不是跟孔子的「人性向善」衝突嗎？如果人性是惡的，孔子還能夠說出「我欲仁，斯仁至矣」這樣的話嗎？所以「克」為「能夠作主」，顯示自我向善的動力，可以主動負責安排人生，這才比較

原 顏淵問仁。子曰：「克己復禮為仁。一日克己復禮，天下歸仁焉。為仁由己，而由人乎哉？」

——《論語‧顏淵》

符合孔子的原意。

有人懷疑，「克」可以作「能夠」講嗎？當然可以。《大學》裡有「克明峻德」這樣的話，意思是「能夠昭明自己高尚的德行」。《論語》裡類似的用法出現過好幾次，例如「恭己正南面」、「行己有恥」、「己」都放在第二個字，克己、恭己、行己是類似句法。因此「克己復禮」是指人應該自覺而自願、自主而自動實踐禮的要求。禮的規範是群體的秩序與和諧不可或缺的，能夠自己作主去實踐禮的要求，其中已經包含了「克制欲望」在內。

後面又說，「為仁由己，而由人乎哉？」走上正路要靠自己，難道要靠別人嗎？前有「克己」，後有「由己」，兩者並觀，更顯出主動是行仁的關鍵。我自己自覺自願去行善，做該做的事，不是為了別人，也不是為了別的考慮，這樣才有所謂的道德價值。

接著顏淵又請教：「請問其目」，有沒有具體的作法？孔子說：「不合乎禮的不去看，不合乎禮的不去聽，不合乎禮的不去說，不合乎禮的不去做。」顏淵說：「我雖然不夠聰明，也要努力做到這些話。」

「禮」是行為規範，規範常以基本的要求為限。有人說了，這四個「非禮」，不正是配合前面的「復禮」，代表禮是好的嗎？並非如此。後面的「四勿」代表消極上不要這樣做、不要那樣做，然後再積極「克己復禮」。從消極到積極，孔子這樣教學生的例子很多。子貢曾請教：「貧而無諂，富而無驕，何如？」貧窮而不諂媚，富有而不驕傲，老師認為這樣如何？孔子說，已經不簡單了，但是還不夠好。怎麼樣是最好呢？「未若貧而樂道，富而好禮者也」，貧窮而樂於行道，富有而崇尚禮儀。從「貧而無諂，富而無驕」到「貧而樂道，富而好禮」就是從消極變積極，化被動到主動的過程。

孔子教導顏淵也是一樣，積極主動實踐禮的要求，具體作法首先要作到「四勿」。古人對「四勿」很重視，許多古代圖畫以四隻猴子作代表，第一隻猴子把眼睛蒙起來，「非禮勿視」；第二隻把耳朵遮起來，「非禮勿聽」；第三隻把口遮起來，「非禮勿言」；第四隻把手放後面或

原 子曰：「非禮勿視，非禮勿聽，非禮勿言，非禮勿動。」顏淵曰：「回雖不敏，請事斯語矣。」

——《論語・顏淵》

放在前面抱拳，「非禮勿動」。「四勿」做到了，就可以慢慢靠著自己內心的力量，化被動為主動，走上積極主動實踐禮的人生正路。

【心存敬畏】

小時候如果不乖，父母會說：「老虎來了。」再大一點，變成「警察來了」。怕老虎、怕警察、怕老師、怕老闆、怕法律……人就這樣慢慢長大。孔子也有「怕」的東西，但他怕的不是一般人所怕的鬼神、命運、死亡，或者權勢、財富這些比較落實的東西。孔子怕什麼呢？

孔子說：「要成為君子，必須敬畏以下三者：敬畏天賦使命，敬畏政治領袖，敬畏聖人的言論。至於小人，不了解天賦使命而不敬畏，奉承討好政治領袖，輕慢侮辱聖人的言論。」

這段話把君子和小人作了對照。先說「畏天命」，孔子說五十而知天命，六十而順天命。知天命和順天命之間，是敬畏天命。為什麼這麼說呢？人活在這個世界上，不是光活著、活到死就

原 子曰：「君子有三畏，畏天命，畏大人，畏聖人之言。小人不知天命而不畏也，狎大人，侮聖人之言。」

——《論語．季氏》

算了的，人活著是有天命的。天命兼含命運與使命，尤以使命為重。這個使命就是從向善到擇善到至善，讓自己的人格趨於完美，以個人的力量改變社會。只有敬畏這個使命，才能夠每天認真實踐，自我反省。

觀諸孔子的生平事蹟，他在「五十而知天命」之後，五十五歲開始周遊列國，給人的印象是什麼？一是「知其不可而為之」，二是「天將以夫子為木鐸」。合而言之，正是「畏天命」的具體表現。而孔子的使命是經由教育闡明人性內在原有成為聖賢的潛力，因此人人可以、而且應該走上人生正途，然後天下自然歸於大同。

第二，敬畏大人。「大人」指政治領袖，他們身繫一國之安危與存亡，位高權重，稍有差錯，就會禍及百姓。在此必須補充的是，孔子口中的「大人」是正面意義的，以「立功」而造福百姓，像管仲九合諸侯、一匡天下，「民到於今受其賜」，當然值得敬畏了。相形之下，孟子說：「說大人，則藐之，勿視其巍巍然。」（《孟子・盡心下》）我跟權貴談話，先要看輕他，不要把他高高在上的樣子放在眼裡。孟子為什麼要跟孔子唱反調？因為孟子認為政治領袖所做的事情，他都不屑於做。如果他哪一天在那個位子上，一定做得比他們好，所以他不卑不亢，不怕他們。這是孟子的原則。

也有人說，很多政治領袖其實表現並不好，為什麼要敬畏他們呢？這就牽涉到心理學了。孔子是很了解心理學的，有時候政治領袖越被別人尊重，就越認真看待自己的職務，從而越努力為百姓服務。如果不敬畏他，讓他感到沒受到應有的尊重，會影響他照顧百姓。臺灣很多政府高官，在立法院裡被立法委員罵得頭昏腦脹，回去之後就胡搞瞎搞，因為他已經被罵得沒有尊嚴了。所以孔子這個觀點是正確的，敬畏政治領袖，是希望藉此機會敦促他們善盡職守。

孔子第三個敬畏的是「聖人之言」。所謂「聖人之言」是古代聖人所留下來的言論，這種言論無不標舉完美人格的理想，指出了人生應行之道，並且昭示禍福吉凶，需要我們敬畏並好好實踐。但也有人覺得，聖人之言都是唱高調，「言者諄諄，聽者藐藐」，說得好聽，做得到嗎？孔子認為，不管做不做得到，首先要敬畏聖人之言，敬畏之後才可能認真想，問自己真的能做到嗎？怎麼樣才能做到呢？這是君子修身的方法。

「小人」正好相反。小人沒有志向，就活在現實生活裡，不了解天賦使命而不敬畏，奉承討好政治領袖，拉關係講面子講人情，搞得「大人」不能夠秉公辦事。「狎大人」的「狎」有親熱的意思，就是沒大沒小，公務私務分不開。最後還侮辱聖人的言論，認為古人說的話何必在意呢？時代不同了，可以為所欲為。從三畏和三不畏，可以看出君子和小人的區別。

孔子自己心存敬畏的表現，從兩句話可以看出來。一句叫「鄉人儺，朝服而立於阼階」（《論語・鄉黨》）。「儺」是民俗信仰的儀式，用以驅逐疫鬼。鄉里舉行這個儀式時，孔子穿上正式的朝服，站在自家東邊的臺階上。古時候房子坐北朝南，臺階分為東西兩邊，客人走西邊，主人走東邊。孔子穿著整齊的禮服站在東階，表示自己是主人，對鄉人的儀式雖不參與，但態度尊重。還有一句叫「迅雷風烈，必變」（《論語・鄉黨》）。孔子遇到急雷狂風，必定要改變容色，表示對上天的敬畏。朱熹注解《論語》說，孔子這樣作是敬天之怒。有人就覺得奇怪了，打雷颳風明明是自然界的現象，為什麼說代表天的憤怒？朱熹的一家之言只是參考，從中可以看出，孔子對做人做事確實都有謹慎恐懼的考慮，對於自然界發生的一切，也保持戒慎恐懼的態度。

【少說為妙】

俗話說：「病從口入，禍從口出。」生病還能治好，但說出來的話猶如潑出去的水，恐怕造成很嚴重的後果。《論語》有一句話：「子不語：怪、力、亂、神。」（《論語・述而》）清代袁枚有一本書的名字就叫《子不語》，裡面全是各種不合常理、超乎想像的怪誕事蹟。在此，首先要指出：孔子不談這一類的事，並不表示這類事情不存在或不能發生，而是表示孔子的謹慎態度與理性精神。他曾勸誡子路：「知之為知之，不知為不知，是知也。」（《論語・為政》）對於「怪、力、亂、神」，正應該根據「不知為不知」的原則，閉口不談。

簡單分辨一下這四個字。**第一種「怪」**，代表反常的、怪異的現象。《左傳》出現過「六鷁退飛過宋都」，六隻鷁鳥退著飛過宋朝的都城。鳥是往前飛的，怎麼往後飛呢？因為風速大於鳥的飛速，看的時候覺得牠是退著飛的。又例如，古人不明白日蝕之理，等到天文知識增加，疑問自消。古代有陰陽家，喜歡在自然界與人世之間尋找相關聯的線索，真相如何，則不得而知。西洋思想有「自然界不跳躍」之說，即任何自然現象都在因果關係的網中，即使看似突變，也非無跡可尋。理性昌明、科學進步之後，我們可以見怪不怪，或者找出合理的解釋。最怕的是自己對怪象加以玄妙的臆測，造成庸人自擾。孔子對這類事情是不談論的。

第二「力」，代表勇力。孟子所謂「以力服人者霸，以德服人者王」，我用力量來讓別人聽我的話叫作霸道，我用德行讓別人聽我的話才可以稱王。武力或霸道不符合儒家的原則。有人問孟子，說，你跟我們談談齊桓公的事情吧。孟子說孔子的學生沒有人談齊桓公、晉文公這些春秋五霸的事情。因為儒家認為靠武力征服別人不是正途，將來一定會有不當的後果，等你衰退的時候，別人也可以用武力征服你。儒家「尚德不尚力」，德是可大可久的人文理想，力則必有後患。證諸史實，完全無誤。

第三「亂」，在古代專指作亂造反的事情。春秋時代，禮壞樂崩，昏上亂相固然不少，亂臣賊子隨處可見。孔子不談論這些事情，因為談多了，好像心裡也跟著受到干擾。人性的負面情緒受到刺激，以為天下都是不正常的人，自己又何必堅持原則呢？江河決堤，一發不可收拾。孔子維護及穩定社會秩序都來不及，當然絕口不談「亂」了。

最後「神」，這個字比較值得注意。神可以指鬼神，也可以指神祕事蹟。有人說孔子不談鬼神，所謂「敬鬼神而遠之」。這是不對的。孔子談「鬼神」談了很多次。例如「非其鬼而祭之，諂也」，不屬於自己應該祭祀的鬼神而去祭拜，那就是諂媚；也即人對鬼神不應該有諂媚或求福之心。孔子說禹很偉大，「菲飲食而致孝乎鬼神」（《論語・泰伯》），自己吃得很簡單，對鬼神祭品卻辦得非常豐盛。這些都是在談論鬼神。孔子從未懷疑鬼神的存在及意義，那是屬於信仰的領域。信仰需要誠敬之心及實踐之志，光靠言談是不夠的。孔子不談的是一些靈異事件，包括算命迷信這些事情。算命的事不能說完全不準，有些人可以預言將來如何，只是通常算十次準一次，九次不準都沒人說，準的那一次卻被很多人加以宣揚。以今日來說，求神拜佛或者燒香算命，不僅於事無補，反而可能使人疏忽自己的責任，無法活出人的尊嚴。

總之，孔子為什麼不談怪、力、亂、神？因為他是腳踏實地、理性清明的人文主義者。他認為人生有正路要走，不要費太多心思在「怪、力、亂、神」上面。在人的能力所及範圍，絕不逃避責任；在人的能力所不及的範圍，則樂天知命，不再徒逞口舌或強為說辭。

《論語》裡還有一段說：「子罕言利與命與仁。」（《論語・子罕》）孔子很少主動談起有關利益、命運與行仁的問題。「罕言」不是不談，是很少談。有時學生問到這些問題，孔子也會答覆。但他很少主動說，表示慎重之意。為什麼慎重？因為這三者皆為世人所關懷，又由於聽者有個別差異而容易引起誤解，所以不宜作泛泛之論。

第一，「利」代表利益。利是人之所欲，孔子並不盲目反對利，而是強調「見利思義」，利須與義配合。但義與利的分辨不是一件簡單的事，直接談利，容易使聽者誤入歧途，如「見小利則大事不成」，看到小的利益就很難規劃大的目標，因為很多人聽到「利」，馬上就心動了，所以孔子不願意多談。

第二，「命」，人生際遇的窮達順逆，以及生老病死等，很多時候非理性所能解釋。孔子認為，人應該憑著自己的能耐，努力完成天賦的潛能，要堅持既定目標，「知其不可而為之」。如果多談「命」，難免使人妄圖僥倖或灰心喪志，以為一切既已注定，又何必作無謂的掙扎？這與儒家的理性精神和剛健態度是背道而馳的。而且孔子所謂的「命」，兼指命運與使命。命運是盲目及被動的，使命是清明和主動的。重要的是如何在面對命運時，把握自己的使命。命運與使命的分辨更是微妙，不能不慎重言之。

第三，「仁」，孔子也很少談。大家覺得奇怪，「仁」不是說得很多嗎？「仁」在《論語》裡出現一百零四次，怎能算罕言呢？但是如果仔細看，會發現孔子很少主動談「仁」，都是學生問了，他才回答，而且每次的答案都不一樣。顏淵問仁，仲弓問仁，司馬牛問仁，學生紛紛請教什麼是「仁」，孔子才回答。換句話說，孔子很少主動談「仁」，因為「仁」代表道德理想，而道德以「實踐」為主，多談無益。「我欲仁，斯仁至矣」，我要走上「仁」的路，「行仁」的機會自然出現。而且「仁」與每個人的具體情況有關，談「仁」要因材施教，看這個人處境如何，怎樣做對他而言才是正確選擇，因此最好留待學生請教時再作說明。

總之，「罕言」並非像「子不語」一樣，完全不談，但要謹慎。因為多談「利」將使人忽視「義」；多談「命」將減低理性成分及奮鬥意志；多談「仁」於事無補，因為「仁」必須終身力行。

第四講 孝敬父母

人活在世界上，需要一個個生命的圈圈，由核心往四周擴散，圈圈的核心，自然是家庭。

談到孝順，很多人認為那是儒家的專利。其實不然，道家也強調「孝」。莊子說：「子之愛親，命也，不可解於心。」（《莊子．人間世》）子女愛慕父母，這是命中注定的，是內心不能解除的。再怎麼有超脫的智慧，有不同的人生觀，你還是愛自己的父母。為什麼？道理很簡單，如果父母過得不快樂，作子女的一定會擔心，這是天性使然。

【孝出於天性】

父母親的年紀，作子女的不能不記得；一方面為了他們得享高壽而歡喜，另一方面也為他們日漸老邁而憂慮。這句話很讓人感動。因為根據司馬遷的說法，孔子三歲父親過世，十七歲母親過世，他根本沒有機會感受父母年老時作子女的心情，卻說出如此貼切子女之心的話，可見他過人的感通能力以及對人生現象的深入觀察。人的生命是有限的，看到父母年紀越來越大，作子女

原 孔子說：「父母之年，不可不知也。一則以喜，一則以懼。」

——《論語．里仁》

的會越來越擔心，這是人之常情。

孟子以舜作例子，舜當了天子，天下人都喜歡他，堯又把兩個女兒嫁給他，他自己既富且貴，但仍然不快樂；只有父母都順心了，才能讓舜解除憂愁。為什麼？因為總覺得父母親沒有順心，是因為自己還不夠孝順，一定要讓父母親都開心了，他才沒有憂愁。孟子稱讚舜是孝順的最大榜樣，「大孝終身慕父母。五十而慕者，予於大舜見之矣」，舜到了五十歲還在思慕父母。能夠如此不忘本，無怪乎成為聖人。這也提醒我們，真正的孝順是不分年齡的。年紀不論長到多大，也不要忘記小時候跟父母相處的情況。那時我們吃喝拉撒全靠父母照顧，跟父母的關係是多麼密切啊。我常勸一些年輕的朋友，有空可以把小時候的照片翻一翻，看看自己小時候是什麼樣子，父母是什麼樣子。小時候的照片大多是跟父

原「人悅之、好色、富貴，無足以解憂者；惟順於父母，可以解憂。」
——《孟子・萬章上》

母合照的，你看看當時的父母多麼年輕健康；現在呢，開始衰老了，也可能生病了。多看看這些照片，會使自己的生命連貫起來，不會有了今天就忘了昨天。人一定要把握生命的整體意義，才能覺悟到一些做人的根本道理。

儒家為什麼要花這麼多時間講「孝」呢？因為孝順出於人性，是人立身處世最基本的品德。只要是人，都應該孝順，也願意孝順。古代有所謂「五倫」，也就是《中庸》裡說的「五達道」：君臣、父子、夫婦、昆弟、朋友。其中三項：父子、夫婦、昆弟都屬於家庭。家庭是一個人的脈絡，離開這一脈絡，人就無法定位自己、定義自己，不知道自己究竟在什麼地方，又為何在這個世界上。父母子女之間的關係是家庭的基礎，如果父子之間不能夠作到「孝」，那麼夫婦、昆弟的關係也不容易相處得好。把家庭這三種關係推到外面，才有朋友之間的交往；再進一步推到社會上，才有君臣之間的關係（在今天這個社會，所謂君臣是指老闆和員工，或長官和下屬之間的關係）。不管是什麼樣的關係，家庭是每個人成長的必經之路，是一切人生關係的基礎。人一定是從家庭出發，再到社會、國家，到為天下人努力奮鬥，在歷史上留下功業和名聲。你說要報效國家，想在歷史上留得好名聲，如果在家裡都不能孝順父母，其他一切都是空談。

有一次有人勸孔子做官，孔子說：「《書經》上說：『最重要的是孝順父母，友愛兄弟，再推廣到政治上去。』這就是參與政治了，不然，如何才算參與政治呢？」人活在世界上，需要一個個生命的圈圈，從內往外，由核心往四周擴散，而圈圈的核心，自然是家庭。家庭是社會的一個小小單位，一家人和和樂樂，父慈子孝，兄友弟恭，是最令人羨慕的。如果家庭能作到這一步，再向外推廣到社會，社會的風氣就會慢慢改善，政治自然走上軌道。因此在家庭中對父母孝順，也等於是從政了，可以發展出很大的影響力。

子女與父母之間要如何相處，才算得上孝順？其實不只是孝順，人與人相處要合乎「善」的要求，都要考慮以下三點：第一，內心感受要真誠。你一定要常常問自己，我是不是真心希望父母快樂？是不是真誠由內而發希望孝順父母？換言之，孝順需由內而發。若無內在情感，只有

原 《書》云：「孝乎惟孝，友於兄弟，施於有政。」是亦為政，奚其為為政？

——《論語・為政》

外在形式，任何事情都會流於虛偽。人是由內心和外在一起表現的生物，若內外不能配合，就容易人格分裂。第二，對方期許要溝通。父母對你有什麼要求、期待，要跟他們溝通一下，了解他們的需要，再設法回應，盡量做到。我們小時候讀《二十四孝》，看到王祥「臥冰求鯉」，吳猛「脫衣飽蚊」，都很孝順，但現在還需要你這麼做嗎？真的這樣做，父母會說你孝順嗎？他們會認為你讀書把腦子讀壞了。第三，遵守社會規範。父母要我做一件事，如果違背社會規範，我做不做呢？例如父母親生病了，要我想辦法弄錢給他們治病，我想什麼辦法呢？如果是違法的事怎麼辦？無論如何，你都不能違背社會規範，否則就算作到孝順，也會受到法律的制裁。

內心感受要真誠，對方期許要溝通，社會規範要遵守；這三點是包括父子在內的任何人際關係都要考慮的。三方面發生衝突怎麼辦？以真誠為主。我們講孝順，主要是因為它出於人性最自然的情感。我們每個人都是父母所生，每個人都欠父母的深情。平常並不自覺，直到自己身為父母時，才知道它的重要，所謂「養兒方知父母恩」。因此談到孝順時，並非提示教條，而是指出一條最適合人性發展所需的途徑。

【敬愛父母】

沒有人會反對孝順，但怎麼樣作才算孝順？這是一個大問題。有個故事，公公年紀大了，吃飯時手發抖，經常把碗摔破，媳婦為了省錢，買了個木碗給公公使用。有一天這媳婦下班回家，看見自己的兒子坐在門檻上，拿個小刀在刻木頭。媳婦問：「兒子你做什麼呢？」兒子說：「我在刻兩個木頭碗，將來一個給爸爸用，一個給媽媽用。」媳婦聽了，心裡一驚，知道自己作了壞的示範，給公公用木碗固然摔不破，事實上卻是對公公不尊敬，只考慮到金錢的損失，而沒有想到他的尊嚴。孝順只滿足父母的需求是不夠的，還要有尊敬之心，照顧到父母的尊嚴。

子游請教什麼是孝。孔子說：「現在所謂的孝，是指能夠奉養父母。就連狗與馬，也都能服侍人。如果少了尊敬，又要怎樣分辨這兩者呢？」

「能養」包括飲食起居的照顧與侍奉。有人把「至於犬馬，皆能有養」理解為：我們如果只是養活父母而沒有尊敬他們，就等於把父母當作犬馬來養一樣。這種翻譯是不對的。在古代社會，犬替人看門，馬替人拉車，兩種動物都可以為人類服務。到現在我們還經常說，你對我真好，將來我要效「犬馬之勞」。孔子在這裡以犬馬作比喻，是說如果子女奉養父母就像犬馬服侍人一樣，只是完成任務，而沒有尊敬之心，那跟犬馬又有什麼差別呢？例如我們成家立業之後，每月按時送上生活費，但心中不一定尊敬父母。我們可能認為父母念書不多，社會成就不高，卻沒有想到父母對我們的恩情像天地一樣，因為他們，我們才得以出生、成長，活在這個世界上，所以我們終身都要尊敬父母。

孔子的另一位學生子夏，有一次也問到怎樣作才算孝順。孔子因材施教，給出另一個答案。

子夏請教什麼是孝。孔子說：「子女保持和悅的臉色是最難的。有事要辦時，年輕人代勞；有酒菜食物時，讓年長的人吃喝；這樣就可以算是孝順了嗎？」

孔子認為，孝順出於子女愛父母之心，這種愛心自然表現為和悅的神情與臉色。這一點確實遠比為父母做事和請父母吃飯要困難多了。例如父母年紀大了，生病需要我們照顧，這時就要看

原 子游問孝。子曰「今之孝者，是謂能養。至於犬馬，皆能有養。不敬，何以別乎？」

——《論語．為政》

原 子夏問孝。子曰：「色難。有事，弟子服其勞；有酒食，先生饌；曾是以為孝乎？」

——《論語．為政》

我們的臉色了。如果臉色不好看，讓父母覺得好像是麻煩你了，就算你作到了父母的要求，也不算是孝順。這時候要想到我們小時候生病，父母是怎麼樣不眠不休、衣不解帶地照顧我們，從來沒有抱怨。現在父母年紀大了，需要我們照顧，我們怎麼忍心給父母臉色看呢？

二十四孝裡有一個人叫老萊子，他七十幾歲時，父母都還健在。為了讓父母開心，他經常穿一些彩色的衣服，好像幼稚園的小朋友一樣，唱歌跳舞給父母看，有時候還假裝摔跤，發出嬰兒一樣的哭聲，讓父母開心。在父母眼中，孩子不管多大，永遠都是孩子。我們當然不必作這麼誇張的表演，但是孝順父母時，除了為父母做事，使他們不憂慮生活，還要注意自己的臉色是否非常和悅，讓父母親覺得我們的孝順是心甘情願的。

《詩經》說：「哀哀父母，生我劬勞。哀哀父母，生我勞瘁。無父何怙，無母何恃。父兮生我，母兮鞠我。拊我畜我，長我育我。欲報之德，昊天罔極。」父母親生我養我，太辛勞了。沒有父親，有誰可以依賴呢？沒有母親，有誰可以依靠呢？出了門就感到哀傷，回家也看不到父母親。父母生了我、懷抱我、照顧我、養育我，對我的恩情真是無話可說。父母老了，如果不能孝順他們，尊敬他們，又如何心安呢？況且當我們壯年時，也應該想到自己年老時也有被小孩照顧的一天，那時候子女如果對我們態度不敬，我們的心裡又作何感想呢？

所以光孝順是不夠的，還要知道為什麼孝順，怎樣作才算孝順。光能滿足父母的生活需求是不夠的，還要從心底裡尊敬父母，理解父母；看父母快不快樂，想自己如何才能讓父母快樂。儒家的思想不是盲目的教條，也不是單方面的權威要求，而是希望我們透過理性的思維，從內心真誠的情感出發，作到孝順的要求。

【委婉溝通】

很多人聽過一句話：「天下無不是的父母」。這話既不是孔子說的，也不是孟子說的，是宋朝以後的學者自己歸納出來的，強調天下的父母都是關懷子女的，希望天下人都能孝順父母。今天看這句話，很容易產生誤會。天下的父母都是好的，可能嗎？不可能，理由很簡單，「人非聖賢，孰能無過」。父母也是人，是人都會犯錯，父母也會犯錯，有時是認知錯誤，有時是判斷偏差，有時甚至是蓄意為惡呢！父母犯錯時，子女應該怎麼辦？父母怎麼說，子女怎麼做，那就是孝順嗎？這不是儒家的意思。

孔子說：「服侍父母時，發現父母有什麼過錯，要委婉勸阻；看到自己的心意沒有被接受，仍然要恭敬，不觸犯他們，內心憂愁但是不抱

原 子曰：「事父母，幾諫，見志不從，又敬不違，勞而不怨。」

——《論語・里仁》

怨。」孔子講得很清楚，父母也會做錯事。說不定有的父母做的工作對社會來說都是不允許的，但他們也很用心地把孩子撫養長大。孩子讀了書，啟蒙了，知道什麼是善惡是非，這時候也許想規勸父母。國有國法，家有家規，人不走上正路，終究會有問題。但是規勸父母的方式要委婉，不能夠疾言厲色，好像老師教學生一樣，那樣父母是不會接受的，反而覺得這孩子忤逆不孝。如果實在行不通，孔子說，作子女的仍然要謹守「不違不怨」的原則，還是很尊敬他們，不要違背他們，努力做好該做的事，不要抱怨，避免傷害親情。

孟子說：父母犯了大的過失，子女若不抱怨，不勸阻，則表示關係更加疏遠。那是子女不孝；父母有了微小的過失，子女若執意批評，斤斤計較，也是不孝。因為父母如果犯了大錯而不

原 親之過大而不怨，是愈疏也；親之過小而怨，是不可磯也。愈疏，不孝也；不可磯，亦不孝也。

——《孟子・告子下》

勸阻，讓父母一路錯下去，說不定最後釀成大禍，成為危害社會的人，那時候就悔之已晚了；但是父母如果有了小錯，就不要勸了。人誰沒有小錯呢，小錯也要勸，家庭變得像學校一樣，孩子變成老師，父母整天戰戰兢兢的，生怕犯什麼錯，影響親子關係的和諧；如果孩子有了小錯，父母也像老師一樣嚴厲對待，家就不像家了。

孟子舉了一個例子，這裡有個人，如果是越國人（外國人或敵人）拿弓箭射他，他可以有說有笑地講述這件事，因為他和越國人的關係很疏遠。但如果是他的親哥哥拿弓箭射他，他就會哭哭啼啼地講述這件事了。為什麼？因為哥哥是親人，親人對我不好，自然使我傷心痛苦。所謂「愛之深，責之切」，父母對子女充滿了期望之情。因為期許深切，所以有一點傷害，都會難過不已。這並不是認為子女應該盲目依從父母，否認父母一切過錯，也不是盲目肯定父母一切過錯，而是隨著內心的情感，對父母的作為表達適當的態度。這裡的「適當」二字十分重要。在什麼樣的情況，什麼樣的關係，什麼樣的條件下，應該以什麼樣的方式來互相對待，儒家在這方面是很用心的，非常合乎人情世故，通情達理。儒家所說的孝順，不是愚昧的孝順，而是自己要能判斷父母的過失，委婉地勸阻。因時代不同造成觀念上的差異，或個性不同導致處世作風的差別，不要刻意強求；但有些明顯是違法亂紀、傷害社會公共秩序的過失，就要特別小心了。而且勸導父母時，要選擇適當的時機。例如父母過生日的時候、心情好的時候，你去勸，比較有效；真的勸不動，也不要勉強。因為父母年紀大了，性格很難改，作子女的只有自己努力積德行善，替父母補救過錯。

《易傳》裡有一句話：「積善之家，必有餘慶；積不善之家，必有餘殃。」中國人認為，善與惡是以家庭為單位的。一個家庭如果多做好事，子孫會有一些福報；如果做了很多不該做的事，子孫也會受到影響。古人這麼說，正是希望子女和父母一起行善，才能「家和萬事興」，對社會起正面影響。如果家庭的價值觀出現偏差，只知道不擇手段賺錢，即使取得成就，也可能對社會造成傷害。所以不管父母是好是壞。子女都要盡好自己的責任，多多積德行善，也算是孝順了。

【孝與健康】

我們年輕的時候容易讓父母操心，這是每個人都有的經驗。我們有時會想，是父母自己願意操心的啊，我們又沒做什麼事情讓他們擔心。真的是這樣嗎？俗話說「兒行千里母擔憂」。子女什麼都沒幹，只是出了一趟遠門，父母也會擔憂不已。所以孔子才會說：「父母在世時，子女不出遠門；如果出遠門，就必須有明確的去處。」

古人出門離家大概有四種情況：一是遊學，到外面求學；二是遊仕，去外面做官；三是遊歷，看看各地的山川風物或古蹟名勝；四是遊玩，到朋友家裡玩。古時候通訊不發達，不像現在人人有手機，到任何地方都可以發簡訊、打電話向父母匯報。在古代，子女一旦出遠門，就好多天音信全無，聯繫不上，父母會非常擔心、掛

原 父母在，不遠遊。遊必有方。

——《論語．里仁》

念，不知道子女在外面發生什麼狀況。所以孔子才會說，父母親在世的時候，作子女的盡量不出遠門，以免讓他們掛念，這是孝順。不過孔子的意思並不是不讓你出門，而是出門到什麼地方去，要讓父母知道，要常常想到父母在為你擔心；想到我現在做這件事，到這個地方，父母會擔心嗎？如果父母會擔心，就不要做。

此外，孔子認為，作子女的懂得保養身體，作到身體健康，少生病，這也是孝順。孟武伯請教什麼是孝順。孔子說：「讓父母只為子女的疾病憂愁。」《論語》中，弟子與時人向孔子「問孝」的地方很多，孔子「因材施教」，每一次的答案都不一樣。孟武伯是魯國大夫孟懿子的兒子，是貴族子弟。這一次他向孔子問孝，孔子的答案很簡單：健康就是孝順，讓父母只為你的疾病憂愁。什麼意思呢？人生病總是難免的，天氣

原 孟武伯問孝。子曰：「父母唯其疾之憂。」

——《論語．為政》

的變化，飲食的問題，都可能導致生病。除了生病，其他所有事情，包括讀書、交友、做事，都不讓父母擔心，那就非常孝順了。這句話聽起來不難，真要做到卻不容易。可憐天下父母心，為子女操勞一生，子女生病時，甚至願意以身相代。我們今天為人父母者，如果子女真能做到讓我們什麼都不必擔心，而只擔心他們有沒有生病，我們除了慶幸自己有孝順的子女，還能說什麼呢？

有一位學生高柴，孔子說他「柴也愚」，比較愚昧，為什麼？因為他的父母過世時，他過於悲痛，哭乾了眼淚，甚至哭出血來。可見他不懂得適可而止地自我控制。孔子對他說：「你懷念父母是對的，但是不知保重身體就是不明智了。因為你自己還有家庭子女要照顧，有社會責任要承擔，如果你的身體出現了問題，父母就算地下有知，也不會心安啊。」所以高柴雖然孝順，但在孔子看來，傷心到傷害自己的身體，是不對的。

作子女的愛惜身體，保持健康，不僅是做人的責任，也是孝道的根本。儒家談孝順，強調「將心比心」，替父母著想。替父母著想的方法，是把自己當成父母來思考。有一句話說得好，「養兒方知父母心」。我們在作子女的時候，往往不太能夠了解父母的心情，只有等到自己也作了父母，有了子女之後，才會想到父母從前是怎樣替自己擔心了。所以儒家說，上有父母、下有子女，才比較可能表現出深刻的孝順，這是人性自然的道理。

人長大成熟之後，一方面有了自己的孩子，要跟孩子一起成長；因為我們長大之後，往往會忘記自己過去的經驗，忘記了父母的恩情，而孩子會提醒我們，父母也是這樣辛苦把我們養大的；另一方面，也要跟父母一起成熟，看到父母親年紀越來越大，要想到將來我們也會跟父母一樣，衰老、生病，接近生命的終點。所以有父母，有子女，有完整的家，是人生非常大的幸福。看到子女，想到自己小時候的樣子；看到父母，可以想像自己年老的樣子。有過去有未來，現在才不至於落空，生命才有原有本，慢慢成熟。

【法理與人情】

儒家思想經常受到質疑的問題是：到底儒家是不是為了人情而忽略法理？或者儒家思想是不是欠缺法治的精神，不太適合現代社會？最大的爭執點源於下面這段話。

葉公（楚國大夫）告訴孔子：「我們鄉里有個正直的人名叫躬的，他的父親偷了羊，他親自檢舉。」孔子說：「我們鄉里正直人的作法不一樣：父親替兒子隱瞞，兒子替父親隱瞞。這裡面自然就有正直了。」

照理說。「正直」的品德，要求我們舉發一切不義之事。因此父親偷羊，兒子告發，不是標準的正直模式嗎？但是孔子聽了，不能接受。父親偷羊，任何人都可以作證，但是兒子不能作證。直系親屬不能作證，作證就違背了親屬之間

原 葉公語孔子曰：「吾黨有直躬者，其父攘羊，而子證之。」孔子曰：「吾黨之直者異於是：父為子隱，子為父隱。直在其中矣。」

——《論語．子路》

的倫理道德。孔子提出「隱」，再怎麼樣也不能以兒子的立場舉發父親，或者以父親的立場舉發兒子，因為父子之間的親情勝過法律。孔子還認為在「父子相隱」中，可以找到「直」。理由有二：一，任何品德都應以真誠感受為基礎。如果沒有真誠的心，即使表現出正義的行為，也很難持久；因為他也許是為了討好社會，或者表面上好像主張正義，而內心已經背離了人性的要求。在人的一切感受之中，沒有比親情更重要的了。隱瞞親人所犯的過錯，是出於真誠的情感，不忍心看到自己的親人受到制裁，不舉發並不代表違抗社會的公權力，所有的人都由自己家人來舉發的話，還需要法官、警察作什麼？為了正直而犧牲親情，等於為了對群體負責而放棄個人責任，本末輕重正好顛倒。二，任何行為是否「直」，皆需考慮行為者與對方的關係，只要恰如其分，就可以稱為「直」。孔子說：「好直不好學，其弊也絞。」（《論語・陽貨》）如果不肯學習人間事理，光是一意孤行，追求所謂的正義，結果是「行事怪異，刺痛人心」。

《孟子》裡有一段故事。學生請教孟子：「舜是天子，皋陶是法官，如果舜的父親殺了人，應該怎麼辦？」孟子說：「逮捕他就是了。」學生問：「舜不阻止嗎？」孟子說：「舜怎麼阻止？皋陶是有法律依據的。」天子犯法與庶民同罪，何況天子的父親犯法，當然要接受法律制裁。學生再問：「那麼舜怎麼辦？」孟子回答：「舜視棄天下，猶棄敝屣也。竊負而逃，遵海濱而處，終身欣然，樂而忘天下。」（《孟子・盡心上》）舜會把天子的位子丟開，就好像丟掉一隻舊草鞋一樣，然後自己背著父親偷偷跑到海邊躲起來，一輩子都很開心，快樂得忘記了天下。

孟子為什麼要這樣講呢？難道舜的父親殺人是冤枉的嗎？或者被殺者的家人不難過，不痛苦嗎？舜的選擇其實很簡單，你要當天子就要維持社會正義，派法官抓父親；但是如果你不當天子，單純只是兒子，就要以孝道為先，想盡辦法來保護父親。這種觀念與孔子所謂「父為子隱，子為父隱。直在其中矣」的立場是一致的。法律是社會的需要，人倫則是天性的要求，我們不能因為社會的需要而傷害天性的要求。

對於這種作法，一般人恐怕難以接受，這豈非為了家庭親情而傷害了社會正義？但不要忘記，舜已經作出了選擇，兩者不可得兼，只能取自己可以接受的結果，而你能夠接受的結果當然是出於人性真誠的情感保護父親，否則你繼續當天子，而父親被關在牢裡，甚至被判處死刑，你能夠安心嗎？還能夠用心替百姓服務嗎？

由此可知，儒家的思考模式並不是違背法律，而是讓你知道法律是建立在人性真誠的情感上面的，如果這種情感受到威脅，整個社會的架構恐怕也難以長期維持。社會不可能十全十美，許多事情都有其代價。在儒家看來，不應該為了追求社會法律上的正義而犧牲家人的親情，因為親情是唯一的，無法替代的。如果要犧牲，請問要犧牲到什麼程度呢？事實上，「大義滅親」絕不是儒家的思想。儒家認為如果不能夠真誠面對自己希望父母平安快樂的心情，而是直接跳到社會正義，父母犯錯就立刻舉報，讓父母受到懲罰，這是違背人的情感。儒家思想作為一派哲學，解釋人類生活的經驗，壓力很大。因為人類生活經驗充滿各種矛盾，各種複雜的關係，殺人偷羊的背後，也許還有許多複雜的因素，不能簡單判斷。儒家寧可在這個時候說，你要出於內心的情感保護父母親；但是如果法律判父母親有罪，也不用抗拒，做錯事應該負責任，這才是正確合理的態度。

【孝與守禮】

所謂「孝」，是人類真情最基本的表現。所謂「禮」，是大家都遵守的社會規範。孝和禮有什麼關係呢？孔子認為有關係。有一次孟懿子向他請教什麼是孝，孔子只回答了兩個字「無違」。不要違背禮制。

父母活著的時候，依禮的規定來服侍他們；父母過世後，依禮的規定來埋葬他們，依禮的規定來祭祀他們。

孔子為什麼這麼回答？因材施教。當時魯國由孟、叔、季三位大夫把持朝政，經常違禮僭禮，作出很多不合禮法的事情。例如孔子的學生冉有為季氏當總管，季氏想去泰山祭祀，孔子讓冉有勸阻，因為這是違背禮制的事情。只有天子和諸侯才有資格祭祀泰山，季氏身為魯國大夫，

原 生，事之以禮；死，葬之以禮，祭之以禮。

——《論語．為政》

此舉屬於僭越行為。結果冉有說他勸不了，孔子非常失望。

這一次提問的孟懿子也是一位大夫子弟。他小孔子二十歲，曾經奉父親孟僖子之命，向孔子學禮。當他請教孔子什麼是孝順時，孔子簡潔而堅定地回答：「不要違背禮制。」也即提醒他，貴族子弟不能因為有錢有權，就逾越了「禮」的規定，舉行超出身分的喪葬儀式，讓天下人都知道我孝順父母。在孔子看來，這是違背禮制的，是不孝的。只有無違於禮，才能實現孝順的心意。內在的孝心配合外在的禮法，才是孝的實踐。

孔子認為，孝與禮的關係還表現在：觀察一個人，要看他在父親活著的時候選擇什麼志向，在父親過世以後表現什麼行為。如果他能三年之久不改變父親做人處事的原則，就可以稱得上孝

原 父在觀其志，父沒觀其行。三年無改於父之道，可謂孝矣。

——《論語・學而》

順了。

為什麼「三年無改於父之道」是孝呢？這與禮的規定有關。古制父母亡故，子女守喪三年。根據荀子的說法，這三年不是真正的三年，而是二十五個月。很多人問，如果三年無改於父之道，萬一父親的原則是不好的，應該立刻改過來，為什麼要等三年才改呢？反之，如果父親的原則很好，三年之後為什麼要改呢？可以接著做下去嘛。這個問題很複雜，因為每一對父子的性格作風不同，「父之道」的現實情況也十分複雜，「三年無改父之道」是基於此的穩健作法。例如父親喜歡救濟孤兒院，我喜歡救濟養老院；父親過世三年之內，我是繼續照他的意思救濟孤兒院呢，還是按照我的想法，把錢捐贈給養老院？孔子認為，恐怕還是要照著父親的習慣繼續做三年，避免讓原來受他照顧的人感覺失望。你可以做滿三年之後，再按照自己的想法改革。

以孔子的學生曾參來說，曾參的父親年紀大了，他伺候父親每頓飯都有酒有菜。用完餐之後，他問父親，剩下的飯菜要給誰？父親說，這次給隔壁的張家吧。曾參尊重父親的想法，讓父親有安排剩飯剩菜的自由，讓他感覺到自己雖然年紀大了，還是有能力幫助更窮困的人，這說明曾參很孝順。等到曾參自己老了以後，他兒子奉養他就不一樣了。每頓飯也是有酒有菜，但是吃完之後，不再問他剩下的飯菜該怎麼處理。他問還有剩的嗎？兒子說沒有了。為什麼？嫌麻煩。但是孝與不孝的差別就在這裡。曾參侍奉父親時，讓父親照顧窮人的願望得以實現，曾參的兒子奉養他時，卻忽略了這一點。當然我們也可以說雖然曾參很孝順，卻沒有把自己的兒子教好，這是另一回事。

孔子談到孝順，除了要有真誠的情感，也必須遵守禮制。這樣一來，人的行為才不至於「過度」，也不至於「不及」，各種情感才能「發而皆中節」，「節」就是適當的分寸。人不管處於任何時代，任何社會，只有守法和重禮兩項配合起來，人生之路才可以走得非常穩健。也許有人會說，儒家的思想會不會有些保守啊？但是不要忘記，人活在世界上，只有保守穩健，才能夠慢慢成長；否則禮儀制度方面改變太快，到最後恐怕無所措其手足，反而亂了分寸。

【三年之喪】

「三年之喪」算是《論語》裡最尖銳的一段對話。孔子有個學生叫作宰我，是言語科的第一名。這位學生每次出現，似乎都給孔子帶來一些不快。例如他白天睡覺，孔子說他「朽木不可雕也，糞土之牆不可圬也」，不可救藥了。為什麼？因為古時候沒有電燈，晚上非睡不可，白天就應該念書工作。大白天睡覺，不是沒志氣，就是懶惰，所以孔子批評他。不過在關於孝順的問題上，宰予倒是提出了一個好問題。

宰我請教說：「為父母守喪三年，時間未免太長了。君子三年不舉行禮儀，禮儀一定荒廢；三年不演奏音樂，音樂一定散亂。舊穀吃完，新穀也已收成；打火的燧木輪用了一次。所以守喪一年就可以了。」孔子說：「守喪未滿三年，就

原 宰我問：「三年之喪，期已久矣。君子三年不為禮，禮必壞；三年不為樂，樂必崩。舊穀既沒，新穀既升，鑽燧改火，期可已矣。」子曰：「食夫稻，衣夫錦，於女安乎？」曰：「安。」「女安，則為之！夫君子之居喪，食旨不甘，聞樂不樂，居處不安，故不為也。今女安，則為之！」宰我出。子曰：「予之不仁也！子生三年，然後免於父母之懷，夫三年之喪，天下

吃白米飯、穿錦緞衣，你心裡安不安呢？」宰我說：「安。」

父母過世，子女守喪三年，這是商朝的規定，事實上周朝已經不太流行了。孔子的祖先是商朝人，他總認為祖先那一套還適用，結果宰我提出質疑，說三年守喪，時間未免太長了吧？三年不能行禮作樂，一定禮壞樂崩。這就像小孩學鋼琴，三年不准他彈琴，再彈的時候一定不成調，這是人文世界的情況。自然世界呢？古時候魯國一年收成一次，舊米吃完，新米收成要一年；取火用的木頭，也是一年輪用一次。宰我很有邏輯頭腦，他說人文世界三年太長，自然世界一年一循環，所以守喪一年就夠了。

照理說，這個質疑很難反駁。孔子總不能說，宰我，你說三年不行禮樂，禮樂必定崩壞，你作過調查嗎？或者你去過臺灣沒有？臺灣是一

之通喪也，予也有三年之愛於其父母乎！」

——《論語・陽貨》

年收成三次而不是一次呀。這麼扯就扯不完了。孔子畢竟是一位偉大的老師，他立刻把倫理規範的基礎轉移到心理情感上。他說：「父母過世了，你自己守喪未滿三年，就吃好的穿好的，你心裡安不安呢？」誰知宰我不客氣地回答：「安。」心安理得。

所以說宰我是壞學生，完全不了解老師的用心，這種事情怎麼可以說「安」呢？假設宰我的父母在世，聽到兒子這麼說，一定很難過；假設宰我的父母已經過世，他以前替父母守喪時，心思一定轉來轉去地不想守太長時間。

孔子聽了宰我的回答，只好說：「你心安，就去作吧！君子在守喪的時候，吃美食不辨滋味。聽音樂不感快樂，住家裡不覺舒適，所以不這麼作。他寧可吃得簡單，住得簡陋，也要替父母守喪。現在既然你心安，你就去作吧！」宰我退出房間後，孔子說：「宰我沒有真誠的情感啊！小孩子生下來，三歲才能離開父母的懷抱。為父母守喪三年，天下人都是這麼作的。宰我曾經受到父母三年懷抱的照顧嗎？」

「子生三年，然後免於父母之懷」，這句話過去一直被歷代的哲學家所忽視。怎麼可以拿「生下來被父母懷抱三年，所以父母死了就要守喪三年」作論證呢？許多人一笑置之，不去多想。然而幾年前美國一份心理學雜誌發表的研究報告，卻證實了孔子兩千多前的見地是多麼了不起。

有一家專門收容棄嬰的醫院，收容了五十名棄嬰，有專人照顧固定的吃喝。這五十個小孩的反應都差不多，目光呆滯，面無表情，了無生趣。他們的身體成長，但是躺在那兒奄奄一息的樣子。其中只有一個小孩例外，每天總是嘻嘻哈哈，見了人就笑。醫生和護士覺得很奇怪：大家都是棄嬰，每個人的表情都死氣沉沉，為什麼他那麼高興呢？於是在房間裡裝上閉路電視，二十四小時觀察這個小孩身上是否發生什麼特別的事情。一星期下來，觀察結果發現，原來每天下午下班時間，有一位到醫院收垃圾、掃地的老太太，經過這個小孩時，會逗逗他，陪他玩半個小時。就是這每天半小時的差別，使這個小孩出乎其類，拔乎其萃，成為棄嬰當中最特殊的一個。於是發現了，原來小孩需要有人以主體的身分關懷他，跟他互動，他的生命力才能正常地發展。只是餓了給他吃，渴了給他喝，而沒有人真正關懷他，他內在的心理能力無法發揮，只能死氣沉沉地待在那兒，不知道如何與人互動。

這個研究使美國心理學界相當震撼。在美國人的家庭裡，小孩生下來，大一點之後，就放到小房間裡一人睡。小孩哭，讓他哭，哭累了就睡著了，變得很獨立。但是這種獨立對人性而言，是一種傷害，違背了人性自然的要求。人類與動物的差別之一，是人類所生的小孩依賴父母的時間最長，遠超過其他動物。人類的孩子一般要在父母懷中三年，才能夠穩健地獨立行走。

這種長期在生理上依賴父母的狀況，自然在心理上發展出特殊的結構，即孩子和父母之間永遠有互相關懷的心理情感。反之，在成長的最初過程中，若是缺少了父母的特殊關懷，則這種遺憾一生都無法彌補；若要彌補，日後必須付出加倍的代價。

從生理需求到心理情感，最後才出現所謂「三年之喪」的倫理規範。也就是說，人間的倫理規範（三年之喪）是為了響應心理情感（安）而定的；心理情感又可以推源於生理特性（三年免懷）。如此形成「生理—心理—倫理」的觀點，可以說明人性的開展過程，以及人性何以向善，亦即為何不守三年之喪就會不安。所以孔子懷疑宰我是否曾受過父母三年懷抱的照顧，說他「不仁」，忽略了人心的情感需要。

換言之，孔子心目中的人性，不能離開生命的具體存在及成長處境。「子生三年，然後免於父母之懷」是他對人性的深入觀察。「三年之喪」是配合內心情感需要的外在表達形式。我們在成長過程中，身體上受到父母照顧，心理上和父母有長期依賴，所以父母過世，守喪三年，才能使我們心安。

儒家講求的倫理規範，並非由外在的壓力而來，而是內在心理情感的適當表達。外在的禮儀、禮節、禮貌只是表現形式，前提在於內心真誠的情感。若沒有真情實感，外面也不用作那些形式了，一切只淪為教條。這才是儒家真正的思想。兩千多年一路下來，一直到清末，很多人都說儒家是禮教吃人，吃人禮教，好像學了儒家之後，就被那種三綱五常給限定死了，好好的人生被約束得沒什麼樂趣了。事實上，儒家對於中國傳統所規定的「禮」提供了哲學說明。這個說明合乎經驗、合乎理性、合乎理想，使我們活在世上有原有本，有內在的情感，也有外在表達的形式。兩者配合，內外相得，才能構成和諧的人生與社會。

第五講

結交良友

朋友不只是鏡子而已，還會進一步敦促人走向更美好充實的人生。

西諺有云：「沒有人是一座孤島。」人與人之間的交往和溝通是不可或缺的，各式各樣的朋友會在一個人生命的各個階段扮演重要的角色。中國古代以君臣、父子、夫婦、兄弟、朋友為「五倫」，朋友也是其中重要的一倫。孔子說：「有朋自遠方來，不亦樂乎！」（《論語・學而》）的確，有些朋友因為家庭、事業、學業、理想而各奔東西，無法常相聚首，只能藉魚雁往返，但是心中卻清楚知道對方總在祝福自己。若是得遇機緣，重新會面，自然會有快慰平生之感。

【真誠相待】

朋友之間的來往是結緣的過程，所謂「廣結善緣」。這個「緣」可以因為是同學、同鄉、同事，或是同道——有相同的人生志趣，甚至是同遊——一起出去遊玩，而產生友誼。結緣之後，就要惜緣，珍惜兩人之間相處的情意。通常我們交朋友，都是分開之後才開始思念，想到以前念書的時候，有個什麼樣的朋友，大家相處得如何愉快，只是當時沒有好好珍惜，現在再想見面已經不容易了。

惜緣之外，也要隨緣。人生之事，因緣而聚，隨緣而散，一切順其自然。例如大家快要畢業了，那就畢業吧，不能說我們這一班同學感情特別好，大家一起再多念一年，這是不可能的。不管緣分如何，人與人之間，沒有說誰一定要跟誰作朋友，誰一定不能跟誰作朋友。一般來說，交朋友分為四個層次，最下一層叫作「酒肉之交」，大家一起吃飯、喝酒、享受；往上叫作「利害之交」，一起做生意、合作，合則兩利，離則兩害；再往上叫作「道義之交」，「道」代表人生的方向，「義」代表正當，亦即每一次我所作的正當選擇，跟你選的或想的一樣，例如我們津津樂道的「桃園三結義」，劉備、關公、張飛三人就是道義之交；最高一層叫作「生死之交」，一般稱作知己。英國作家亨利・亞當斯（Henry Adams）說：「人的一生，能結交一位好友，已屬難得；能結交兩位，可謂幸運之至；至於結交三位，則根本不可能。」如果把朋友界定在「知己」的層次，這段話確實反映了人生經驗。我國古人不也說「人生得一知己，可以死而無憾」嗎？可見知己是以生命來相互交換的，是交朋友的最高境界。

不論結交哪一種朋友，交朋友的原則是一樣的，四個字：真誠相待。其實不但是對朋友，對任何人都應該真誠。西方有一句話說得好，「你對朋友是以性格互相裸露」，在朋友面前，我的性格不穿衣服，不需要偽裝，不需要化妝，我是什麼性格就讓朋友直接知道；反之，如果朋友之間不能以真誠的態度相處，就是虛與委蛇，浪費生命而已。

原
子曰：「巧言，令色，足恭，左丘明恥之，丘亦恥之。匿怨而友其人，左丘明恥之，丘亦恥之。」

——《論語‧公冶長》

孔子說：「說話美妙動聽，表情討好熱絡，態度極其恭順；左丘明認為這樣的行為可恥，我也認為可恥。內心怨恨一個人，表面上卻與他繼續交往；左丘明認為這樣的行為可恥，我也認為可恥。」左丘明是魯國的史官，司馬遷稱其為「魯之君子」。左丘明認為，如果表面上對朋友熱情、友善，心裡卻藏著對朋友的怨恨，這樣的行為是可恥的。朋友交往有時難免出現誤會或怨恨的情況，例如聽別人說你在背後批評我而產生誤會；或者你有好的機會沒有告訴我，沒有讓我跟著你一起發財或得利，這時會出現怨恨。心中有了疙瘩，卻隱藏起來，表面裝著若無其事，跟他繼續作朋友，孔子認為這樣不好，這樣缺乏真誠。你說如果我把意見直接說出來，誤會可能更嚴重了，甚至兩個人翻臉了怎麼辦？說實在的，真正的朋友能夠「肝膽相照」，很多時候是不打不相識。沒有把真話說出來，怎麼知道別人會拒絕呢？也許他在氣頭上不願意接受，過了一段時間，會發現你也是為他好，對於你的真誠反而非常感激。

人是會變的。人的變，若不是由於外在的環境，就是由於內在的觀念。外在環境也包括朋友的勸告，所以古人「以友為鏡」來提醒自己做得對不對。內在觀念的改變，要靠多讀書。讀書可以幫助人明白道理，明理之後就知道個人情緒是一回事，做人的原則是另一回事。交朋友有時因為各種外在的干擾，而使友誼變得比較複雜。例如朋友一起做生意，到最後說不定可以共貧賤，卻不能共富貴；也有的朋友一開始覺得彼此沒什麼話好說，後來碰到一些人生困難，才發現「患難見真情」，像西方人說的：「A friend in need is a friend indeed.」患難之交，才是真朋友。

不過勸告朋友也要懂得適可而止。子貢有次請教孔子怎樣交朋友，孔子說了一句話，「忠告而善道之，不可則止，毋自辱焉。」（《論語・顏淵》）朋友如果有錯，你要真誠地勸告，委婉地勸導；但是他如果不聽，你就要停下來，以免自取其辱。因為朋友之間是相互平等的，如果地位不平等，變成你來教訓我，你就是我的老師了，變成老師跟學生的關係，不再是朋友關係了。朋友之間儘管有互相勸告的義務，如果對方不聽，多言無效之後，最好閉口不談，不要再勉強了。

【志趣相投】

除了真誠，交朋友還要依據什麼原則？根據孔子的說法，志趣是非常重要的。志趣是什麼？就平常休閒生活來說，今天放假，你要爬山，我要游泳；你要下棋，我要打球；興趣愛好不一樣的人，很難湊在一起。又例如一個人的志趣在藝術，若結交喜歡科學的人當朋友，大概很辛苦。所以要找跟自己有類似志趣的朋友。

子曰：「無友不如己者。」（《論語．子罕》）很多人以為是「不要交不如自己的朋友」。乍聽之下，這是很好的建議，人往高處走，水往低處流嘛，我們應該多交比自己強的朋友，提升自己的水準。但仔細一想，問題來了：如果你不交不如自己的朋友，專找比你優秀的人作朋友，那麼這個人是否也要根據相同的原則，拒絕跟你交友呢？他也可以「無友不如己者」啊。如此一來，天下人在交友之前，都要相互比較，比較難免有高下之分，結果是：沒有人或很少有人可以找到朋友了。

這當然不是孔子的意思。「不如」可以解為「不及、比不上」，也可以解為「不像、不類似」。根據後者，則「無友不如己者」是說：「不要結交不像自己的朋友」。「不像自己」是指在志趣上與自己分道揚鑣。例如就志向而言，有人要服務社會，有人要拚命賺錢；有人要追求學問，有人要遊戲人間。再就興趣來說，室內的下棋、打牌、品茗、閱讀、看電視，室外的登山、旅遊、打球、慢跑、交際應酬等，亦是人人有別，或是大同小異，或是小同大異。所謂「道不同，不相為謀」，由志趣差異最後衍生到人生的不同抉擇。如果貿然選擇志趣不相投的人作朋友，不僅事倍功半，也可能貌合神離，甚至反目成仇。天下許多仇人都是朋友演變成的，可不慎乎？所以，交朋友開始靠的是緣分，像同鄉、同學、同事，甚至一起出去遊玩，都可能成為朋友，但後面的發展要看志趣是否相近。志趣不相近，勉強在一起，友誼恐怕也很難維持長久。

除了志同道合，儒家談「交友」，還要兼顧「互相責善」，以「善」來互相期許、要求。孔子說：「朋友切切偲偲，兄弟怡怡。」（《論語・子路》）「切切偲偲」指彼此切磋勉勵，「怡怡」指和睦共處。兄弟姊妹因為有同樣的父母，是天生命定的親人，個性再怎麼不合，也要設法和睦相處。朋友是自己找的，有些是好朋友，有些可能是壞朋友；有的朋友因緣深厚，可以一輩子來往；有的緣分短淺，說不定從學校畢了業就分開。這時你要問，我交這些朋友是為什麼呢？孔子的回答是「朋友切切偲偲」，交朋友絕對不能只在一起浪費時間，或是一起遊玩而已，而要隨時互相切磋勉勵。走向人生的正確方向。

曾子說：「君子以談文論藝來與朋友相聚，再以這樣的朋友來幫助自己走上人生正途。」

《論語》裡所說的「君子」有兩個意思，一是有政治背景、官位的人，如封建社會中的世襲貴族子弟；二是指有志於修德講學、人格完美的人，如孔子的眾多弟子。曾子此言所指是第二種人。君子以什麼作標準呢？有一句話叫「君子立恆志，小人恆立志」，小人經常立志，代表他的志向很短暫，不能堅持下去；而君子只立一個志向，從讀書開始不斷往上提升，最後成為人格完美的人。修養人格這件事是做不完的，一輩子堅持去做，都不一定能達到人格完美的標準。曾參認為，交朋友對於成為君子有直接幫助。「君子以文會友」，「文」包括各種文化藝術活動，以及各種技能。例如交到喜歡下棋的朋友，自己本來不喜歡下棋，他帶著你下棋，慢慢地你也喜歡下棋了；又或者你不喜歡讀書，但是朋友喜歡讀

原 曾子曰：「君子以文會友，以友輔仁。」

——《論語．顏淵》

書，受他的影響，你可能也喜歡讀書了。所以曾子說，朋友之間要能夠談文論藝，才有共同的交集，也就是有共同語言。交這樣的朋友，目的是要用來「輔仁」。「仁」指人生的正途，也就是「道」，亦即朋友之間要互相切磋勉勵，在人生正路上相互扶持，以實現大家向善的心志，這才是交朋友的光明大道。

人生中所交的朋友，由於機緣所限，因緣不再，其實都是值得珍惜的。許多人對朋友存有幻想，渴望認識合乎理想、心意相通的朋友；但往往忽略朋友是相互的，我們希望有什麼樣的朋友，朋友也同樣希望我們是這樣的人。如果缺乏自我認識的功夫，對自己的志趣都搞不清楚，又如何期待別人成為自己志趣相投的朋友呢？

【信義兼顧】

跟朋友來往。大家都知道「守信」很重要，但守信的同時也需要考慮到「義」。「義」代表正當，也就是一般所說的道義。信和義有什麼關係呢？子貢有一次問孔子，要具備什麼樣的條件，才可以稱為士？「士」是古代的一個階層，在大夫之下，也可以用來泛指一般的讀書人。

孔子提到三種人符合士的條件，最後一種是：「說話一定要守信，行動一定有結果，這種一板一眼的小人物，也可以算是再次一等的士了。」光看字面的意思會嚇一跳，難道說話守信有錯嗎？做事有結果不是很負責嗎？為什麼孔子批評這是小人物呢？問題出在「義」這個字。把孟子的話拿來一併看，就知道儒家思想的深刻了。「大人」代表德行完備的人。德行修養到完

原 言必信，行必果。硜硜然小人哉！

——《論語．子路》

原 大人者。言不必信，行不必果，惟義所在。

——《孟子．離婁下》

備的階段，才有資格稱為大人。孟子說：「德行完備的人，說話不一定都兌現，做事不一定要有結果，一切都要看道義在哪裡。」「義」者，「宜」也。昨天適宜的，今天不見得適宜；對張三適宜的，對李四不一定適宜；要看變化的情況，配合適當的情況，作出正確的抉擇，找出「應該」的所在。

人間事物一直在變遷發展之中，如果沒有通權達變的能力，言行都可能陷入困境。例如我最近買了一把獵槍，一個跟我要好的朋友說：「下個月把獵槍借我去打獵吧。」好朋友當然沒問題，我答應你。但就在這一個月裡，朋友患上了憂鬱症，有自殺傾向。時間一到，他來找我，說你答應借我獵槍，現在借給我吧！實現你的諾言吧。這時候我應該怎麼辦呢？如果一定守信，把槍借給他，他發生了什麼事，我難道不用負責嗎？「我不殺伯仁，伯仁由我而死」。守信是我現在跟你約定將來要做的事，但是現在到將來之間，還有一段時間落差，可能出現各種不可預料的變化，到時候要根據實際情況，再作出適合的抉擇。

《莊子》裡面也提到一個人，叫作尾生，這人很守信用，他跟一個女孩子約會，約在橋下見面，結果洪水來了，他在橋下抱著橋柱不走，淹死了。他說既約定了在橋下見面，就不能去橋上啊。但事實上這個女孩子遲到恐怕是因為風雨太大，或者家裡反對，換了我們，當然上橋啊，不然回家算了，但是尾生很守信用，結果淹死了。

這並不是說跟朋友約定的事情，可以說了不算，而是要考慮實際的情況，不能光為了自己守信，或者怕別人說我不守信用，絕對不能更改，導致壞的結果，這樣一來就變成教條主義了。儒家的智慧非常活潑，會考慮各種情況的變化。孔子為什麼說「言必信，行必果」是小人物呢？因為他沒有注意到人生充滿變化，看似一板一眼，其實可能忽略了「義」。《易經》的「易」就是變化的意思，在變化之中，你要找到「不變」的規則，並配合各種情況作出適當的選擇。而那個不變的規則，就是「我要真誠」，秉持一顆真誠的心跟人互動，再視具體情況應變。

孔子曾經說過，他跟古代很多偉大聖賢不一樣的地方，在於古代的聖賢都有某種特殊的表現，最後可能為此犧牲生命。孔子認為自己是五個字：「無可無不可」，我沒有一定要怎樣，也沒有一定不要怎樣。有些人聽了，覺得這種態度恐怕有點滑頭吧？但是不要忘記，人生本來就充滿變數，什麼時候該進，什麼時候該退；什麼時候該上臺，什麼時候該下臺，不是你說了就算，要看各種實際情況的需要，可以行則行，可以止則止。如果一定強調「言必信，行必果」，看起來好像非常堅毅不拔，其實是不懂得通權達變，因時制宜。儒家的思想告訴我們，交朋友守信用當然很好，但不能忘記要有靈活的智慧與堅定的原則。

孔子還有一個學生叫作有子。有子曰：「信近於義，言可復也。」（《論語・學而》）你跟別人約定的事情，要盡量合乎道義，說話才能實踐；如果約定的事情不正當，違背社會的禮儀或法律，就算說了也不能夠實踐。所以我們與朋友交往時，不要輕易答應什麼事，一定要考慮到這件事是否接近道義，接近道義才能夠實踐，否則就算約定了也會失信。

【益者三友】

朋友就像鏡子，可以反映出一個人的興趣、嗜好、志向與品味。朋友不只是鏡子而已，還會進一步敦促人走向更美好充實的人生。孔子說有三種朋友有益：「與正直的人為友，與誠信的人為友，與見多識廣的人為友，那是有益的。」

第一種友直。「直」代表真誠而正直，心裡有什麼話直接說出來，使你知道我的所思所想。朋友之間的交情是基於酒肉、利害，還是道義，就以此為判斷標準。朋友如果「直」，他看到你有錯誤或是可能快犯錯了，就直截了當說出來提醒你，不會不好意思說，或者找各種藉口來替你掩護。這種朋友像鏡子一樣，透過鏡子可以看到自己的缺點。如果找到這樣的朋友，就比較不容易犯錯。但是這樣的朋友也帶來壓力，古代有一

原 友直，友諒，友多聞。益矣。

——《論語・季氏》

種說法叫「畏友」，讓人敬畏的朋友。這種朋友一說話，你馬上覺得有壓力，但是事後必須承認，他說的有道理，說的是對的。有這樣的朋友，你應該覺得很感激。

第二種友諒。「諒」代表誠信、體諒。這個人說話算數，值得信賴，另外也比較能夠體諒你的心情，知道你的委屈，能夠在適當的時候給你安慰。曾子曰：「吾日三省吾身。為人謀而不忠乎？與朋友交而不信乎？傳不習乎？」子夏曰：「與朋友交，言而有信。」子曰：「老者安之，朋友信之，少者懷之。」這三段話的「信」，都指出交朋友要誠信。說到誠信，也牽扯到人能不能長期堅持理想的問題。例如早年窮困的時候有些理想，後來又富且貴，還能夠堅持理想嗎？我們年輕時交的朋友往往很單純，尤其是在學校裡認識的同學；進入社會以後，十年、二十年不見，大家再見面的時候，所談的內容往往是誰在社會上比較有成就，誰得到了什麼榮華富貴。這代表什麼？代表這樣的朋友無法堅持年輕時的理想，在誠信方面不見得合乎標準。

至於體諒，人生難免無過，所犯之過是出自無心，出自無知，還是出自惡意？只有出自惡意的過不能輕易原諒。朋友知我甚深，自然可以分辨這些，並在我需要時伸出堅強的支援之手。體諒是雙方面的，不能一味要求別人；體諒也包括自己能做的事情絕不請別人代勞，因為朋友並非工具或手段，而是要同舟共濟的。

第三種友多聞。「多聞」並不指學歷高低，而是指濃厚的求知興趣。朋友見多識廣，能啟發我們的觀念，開拓我們的視野。朋友聚會時總要說話，你不能老談每天發生的八卦，或者各種馬路消息，而要談一些比較有營養的、能夠增加見聞的事情，這時候就需要這種「多聞」的朋友。每個人的時空都是有限的，心靈也容易執於一偏，對於小自人情世故，大至家國天下的豐富面貌，往往知其然而不知其所以然，甚至根本未曾與聞。這時候如果有一個上知天文下知地理的朋友，跟你談論這些問題，包括許多奇奇怪怪的事情，他都可以講出個道理來，無疑是為我們的生活打開一扇窗，幫助我們突破自己狹隘的格局，以更周全的眼光欣賞一切事物。

以上三種有益的朋友，針對人的意志、情感、認知三種要求。「友直」代表這個朋友一輩子堅持原則，在意志上非常堅定；「友諒」在感情上能夠體諒包容；「友多聞」可以為你增加許多重要有趣的信息。任何朋友具備這三者之一就很好了，不能要求朋友三者全部具備；都具備的話就是可貴的知己了，可是知己難求啊！這樣要求朋友的時候，先要問自己有沒有具備這些條件。我們選擇朋友的時候，朋友也在選擇我們。

交到好的朋友，可以增加人生的快樂。孔子說到「益者三樂」時，「樂多賢友」也是其中一樂。哪三種快樂有益呢？第一，「樂節禮樂」，以得到禮樂的調節為樂。「禮」代表分寸，跟什麼人來往有什麼樣的分寸，該說什麼話，該做什麼事，屬於禮的範圍。「樂」是情感的溝通，你喜歡看什麼電影，聽什麼音樂，大家溝通一下，覺得很有默契。以禮和樂來調節，一個是限制，一個是溝通，能收能放，表現了活潑的生命力。第二，「樂道人之善」，以稱讚別人的優點、善行為樂。這個別人往往是我們所認識的朋友，我們在背後經常稱讚朋友的優點，代表我們心胸寬大，朋友之間的相處當然就容易了。第三種，「樂多賢友」，以結交許多好朋友為樂。我們在萍水相逢的遭遇中，往往發覺許多人很面善，彼此有向道之心。常有這種感覺，會使我們在待人接物方面，更努力朝正面的方向走。況且，如果能交到許多傑出的朋友，代表自己也很優秀，不然他們為什麼要委屈自己和你交往呢？因此結交益友，乃人生一大樂事。

【損者三友】

前面有「益者三友」，後面就有「損者三友」。交朋友一不小心就會交到壞朋友。孔子說有三種壞朋友是交不得的：「與裝腔作勢的人為友，與刻意討好的人為友，與巧言善辯的人為友，那是有害的。」

第一種友便辟。「便辟」指裝腔作勢。喜歡裝腔作勢的人不但好高騖遠，並且很重視外表，喜歡擺門面說大話。這種朋友為什麼有害呢？因為這樣的人與你交往，他看重的可能是你的家世好不好，家裡有錢嗎？有各種社會資源嗎？他選擇你作朋友恐怕考慮的是這些，並不是看重你這個人的品德、才能、志趣。你為什麼要和這樣的人交朋友呢？說實在的，有時候跟這種人在一起，好像也可以沾到一些好處，因為他氣勢很

原 友便辟，友善柔，友便佞。損矣。

——《論語．季氏》

盛，很講面子，善於裝門面。講面子不見得是壞事，但是如果超過了限度，最後浮而不實，當然是不好的。

第二種友善柔。「善柔」是指奉承、柔順、刻意討好，缺乏正直的精神。這種人善於觀察別人的臉色，察顏觀色之後，選擇該說什麼樣的話，該怎麼說話，故意討好你。子曰：「巧言令色，鮮矣仁。」（《論語‧學而》）說話美妙動聽，表情討好熱絡，這樣的人很少有真心誠意的。有人說，誰不喜歡聽好聽的話呢？有人在旁邊拍拍馬屁，恭維幾句、聽起來滿舒服的嘛。不要忘了，這樣下去，就不想改善自己了，因為犯了任何錯誤，他都會幫你找藉口、找理由，而不是直接說出問題，提醒你改正。孟子很討厭這種人當大臣，國君犯錯的時候，不但不說國君有錯，反而替國君找理由。孟子說，國君如果做壞事，你幫他一起做，還可以原諒；如果國君做壞事，你幫他找藉口，說他做的不是壞事，那就不可原諒了。

第三種友便佞。「便佞」是口才很好，言過其實，不願認真求知。聽起來好像很有學問，事實上只是道聽塗說，以耳代目，並無真正見識。這種人正好和「友多聞」相對。別人真的是博學多聞，見多識廣，而你憑著花言巧語，好像什麼事情都能說出道理來，但是沒有真正的基礎，對任何事情都不會努力求得真理，這種人也不是益友。

孔子說這三種朋友有害，是因為他們對於你的生命沒有幫助。怎樣才算有幫助？能督促你不斷反省，自我改善。孔子有一個好友，是衛國的大夫，叫蘧伯玉。蘧伯玉派了使者到魯國看望孔子。

孔子請他（使者）坐下談話，說：「蘧先生近來作些什麼？」他回答：「蘧先生想要減少過錯，卻還沒有辦法做到。」這位使者離開後，孔子說：「好一位使者！好一位使者！」

這才是真正的好朋友，始終在互相勉勵，改善自己的過失。如果你交的朋友只是替你的過失找藉口，或是換一個方式來逢迎你，說你這好那好，你就永遠不會有機會改過遷善。一大群人整天聚在一起，說一些八卦打發時間，沒有一句話是有意義的，又喜歡表現小聰明，這樣的人很難有什麼希望；又或者，整天吃飽了沒事幹，沒心

原 孔子與之坐而問焉，曰：「夫子何為？」對曰：「夫子欲寡其過而未能也。」使者出。子曰：「使乎！使乎！」

——《論語．憲問》

原 子曰：「群居終日，言不及義，好行小慧，難矣哉！」

——《論語．衛靈公》

原 飽食終日，無所用心，

思學任何東西，還不如下棋呢。這類朋友也是要遠離的。

與「益者三樂」相對，孔子也提到「損者三樂」，也即有三種快樂是有害的。第一是「樂驕樂」，以驕傲自滿為樂。當我們某些成就高於別人，容易產生傲氣，相信自己卓越出眾，無人能及。驕傲所帶來的快樂，一定會造成別人的嫉妒。驕傲是自我中心的表現，很容易由此否定別人的能力。第二是「樂佚遊」，以放縱遊蕩、無所事事為樂。遊玩其實不是壞事，但若以此為樂，就變成自我放縱，貪圖享受，忽視了自己與別人的適當關係。第三是「樂宴樂」，以飲食歡聚為樂。朋友聚在一起，只顧著吃喝玩樂、互相吹捧，三日一小宴，五日一大宴，當然有害。這三種快樂只照顧到生理的、淺層次的需求，只能讓人暫時忘卻煩惱。表面上驕傲自滿，每天遊蕩

難矣哉！不有博弈者乎？為之猶賢乎已。

——《論語‧陽貨》

玩耍，大吃大喝，這種快樂很快就重複而乏味，到時候刺激遞減，邊際效益就越來越沒有吸引力了。

人生有很多事情，必須跟朋友一起做。與不好的朋友相處，雖然很多事情也會讓你覺得快樂，但不會幫助你提升心靈，只會讓你沉迷在非常具體的、低層次的、物質的欲望裡，獲得狹隘、短暫的自得與快樂。人生真正重要的事情，是在精神層次上不斷向上提升，不斷自我反省、自我修練，讓生命踏上正確的方向，邁向更廣闊的空間。在這方面對你有所裨益的朋友，才是你真正的良友。

【孔子交友】

益者三友與損者三友，這六種都是朋友，不同的是前三者使你受益，後三者使你受害。孔子還有一種分法，把朋友分為中行、狂者、狷者，這是他自己的交友原則。

孔子說：「找不到行為適中的人來交往，就一定要找到志向高遠或潔身自好的人。志向高遠的人奮發上進，潔身自好的人有所不為。」

第一種「中行」，也即我們比較熟悉的中庸之道，行為適中，進退有節。有人把中庸之道誤會成做事溫吞吞的，走中間路線。真正的「中行」是該怎樣就怎樣，言行在任何時候都能恰到好處，這非有高度的修養不能達到。能找到這樣的朋友當然最理想；如果找不到，找誰呢？狂者或狷者。

原　子曰：「不得中行而與之，必也狂狷乎！狂者進取，狷者有所不為也。」

——《論語・子路》

先說狷者。我教書這麼多年，經常說的一句話是希望學生們先作狷者。何謂狷者？有所不為也。一個人受教育的基本表現是有所不為，對於某些違法亂紀或沒有水準的事，不去做；不是不會做、不敢做，而是不屑於做。我常常勸學生，考試作弊這種事情要不屑於做。如果這一點能夠堅持，將來進入社會，許多違法亂紀的事恐怕也就不屑於做了。

如果能作到狷者，不妨再作狂者。「狂者進取」，不斷奮發，向上奮鬥，有所為也。孟子提到狂者，常以曾參的爸爸曾點作例子。曾點經常把「古之人、古之人」掛在嘴邊，古人這樣好，古人那樣好，好像古人總是比較高尚、偉大，值得我們學習。他有這樣高遠的志向，以古代的聖賢來要求自己，不斷學習，進取向上，所以孟子把他列為狂者。

狷和狂，一個有所不為，一個有所為；一個消極，一個積極。先不要做不好的事、水準不夠的事，然後做應該做的事、標準更高的事。兩者配合起來，當狂則狂，當狷則狷，那就是「中行」了。孟子稱讚孔子，說他是「聖之時者也」，「時」就是中行，代表孔子的表現總是恰如其分。

孔子交朋友，除了考慮到對方是不是中行、狂者、狷者，還要看他是否可以共學、適道、立與權。孔子說：「可以一起學習的，未必可以一起走上人生正途；可以一起走上人生正途的，未必可以一起立身處世；可以一起立身處世的，未必可以一起權衡是非。」

孔子把交朋友分為四個層次：共學、適道、立、權。「共學」是指一起在老師門下求學問道。例如我們都住同一社區，讀同一所學校，有共同的老師。這些朋友屬於「共學」的層次。畢業之後，離開學校，各奔東西，每個人發展的途徑不一樣了，接下來就要看「適道」，也即志同道合，走上人生正途。「道」不限於某種職業或行業，因為同行未必是同志，真正的同志是針對價值觀念和生活方式而言的。有些朋友可以一起走上人生的正途，卻未必可以一起立身處世，堅持立場，這就是「立」的層面了。人生有各種各樣的考驗，堅持原則並不容易。孔子說：「君子固窮，小人窮斯濫矣。」（《論語・衛靈公》）

原 子曰：「可與共學，未可與適道，可與適道，未可與立，可與立，未可與權。」

——《論語・子罕》

君子在窮困時能堅持原則，小人碰到窮困就胡作非為了。因為人生際遇的差別，所下工夫的不同，在立身處世方面達到的境界也隨之出現差距。許多朋友明明朝著同一方向努力，幾年之後卻有成有敗，相去不可以道里計，無法立足於同樣的境界。

還有一種朋友，可以一起「適道」，也可以一起「立足於道」，卻未必可以一起權衡商量。例如讀什麼學科，作什麼生意，碰到重大的抉擇該如何取捨，都屬於「權」。交朋友能夠交到可以互相商量的朋友，是最難的。很多時候，人生重大抉擇，只能一個人關起門來自己想，但一個人往往沒有辦法想得周全，這時候如果有朋友了解你的個性，理解你的志趣，能夠旁觀者清，給出明智的建議，對你的幫助是很大的。所以能夠與「權」，在孔子看來是交友的最高目標。能夠一起權衡人生的各種選擇，作出判斷，這樣的人自然不易得。

交到朋友，怎樣跟朋友相處呢？《論語》裡有幾句話可以參考。

一、朋友送禮物給孔子，就算是車跟馬，只要不是家裡祭祀祖先用過的祭肉，孔子不會作揖拜謝。古代的車馬是很貴重的禮物，等於現在的轎車一樣，馬可以當作財產，齊景公過世時就留下四千匹馬。有人看到孔子家裡比較窮，送輛馬車給他，但孔子只是說聲謝謝，拿來就用，為什麼？朋友有通財之誼嘛，既然大家是朋友，你有錢，送輛車給我，我拿來就開，有什麼關係？反正錢是身外之物，朋友的交情更重要。你這次送孔子馬車，孔子下次說不定送你一些他的學習心得，這叫作朋友之間互惠互利，互通有無，千萬不能只用物質來衡量。但是如果你送給孔子的禮物是祭拜祖先時用的祭肉，孔子就會作揖拜謝了，為什麼？因為你祭拜祖先時想到孔子，表示把他當作家族的朋友。這對孔子來說意義非凡，這時候他會非常慎重地向你作揖拜謝。由此可見，孔子跟朋友相處，看重精神價值遠遠超過物質。在孔子的學生中，子路學到了這一點。子路對朋友特別豪爽，他的志向是他的車、他的馬、他的衣服棉袍，跟朋友一起用，用壞了都沒有遺憾。這可不簡單，只有把朋友的情意看得比身外之物更重要，才能有這樣的作為。

二、朋友不幸過世了，沒有人料理後事，孔子站出來說：「我來負責。」什麼意思？朋友過

原 朋友之饋，雖車馬，非祭肉，不拜。

——《論語・鄉黨》

原 願車馬衣裘與朋友共，敝之而無憾。

——《論語・公冶長》

原 朋友死，無所歸，曰：「於我殯。」

——《論語・鄉黨》

世沒有人管，代表他可能家道中落，也可能子孫不孝。孔子在此時挺身而出，不是錦上添花，而是雪中送炭，非常夠意思。我們常說，一死一生，乃見交情。能交到孔子這樣的朋友，實在是一件很幸運的事。

三、孔子託人向遠方的朋友問候送禮時，對所託之人兩次作揖才辭別。說明什麼？孔子很看重朋友之間的情誼，兩次作揖，重其所託。託人到遠方給朋友傳達訊息，他的好朋友蘧伯玉跟他通的訊息是「我想減少過失，卻還沒有辦法作到」。我們可以想一想，這是什麼樣的朋友啊！大家一起努力，朝人生理想的方向前進，希望彼此的交往可以幫助對方完善人格，成為君子。這樣的朋友是多麼難得！

人生活在世界上，很多東西不由我們選擇。我們無法選擇自己的父母，無法選擇出生的時

原 問人於他邦，再拜而送之。

——《論語・鄉黨》

間、地點，無法選擇種族、國家和文化傳統，也無法選擇自身的成長經驗。但是交朋友這件事，在機緣成熟的情況下，是可以選擇的，可以化被動為主動。孔子的選擇使我們知道，朋友相處，不要問貧窮富有，也不要管地位高低，而要看彼此間是否真正友直、友諒、友多聞。我們無法和所有的人做朋友，所以朋友寧少而不求多。而且在選擇朋友之前，也要先問問自己，我是不是做到了我選擇別人的標準？是不是重視朋友之間的情誼遠遠超過物質利益？如此，才可能找到真正的知己。而人生能有知己，乃是一件最愉快的事。

第六講

社會責任

即使知道理想不能實踐，還是要做，這是讀書人應該有的志向。一代代傳承下去，世界的改善也就有了希望。

梁漱溟先生晚年接受一位美國學者的訪談，內容集結成書，書名是《這個世界會好嗎？》。這個書名可以說是兩千多年來中國讀書人的共同願望，即希望以個人的努力來改善世界，這叫作「淑世精神」，孔子正是這種精神的代表。

【淑世精神】

孔子本來在魯國做官，做得還不錯，但是因為君臣之間不能配合，就掛冠而去，周遊列國，帶著學生到處走。有一次走到一條河邊，找不到渡口，遠遠看見兩個人在附近耕田，孔子讓子路去問路。子路去了，問第一個人，渡口在哪兒？這人不直接回答，他遠遠看到孔子坐在馬車上，手拉韁繩，問子路，那位車上執鞭的人是誰？子路說，是魯國的孔丘。這人便說，孔丘知道渡口在哪兒。什麼意思呢？等於連當時隱居的人都聽說孔子帶著學生周遊列國。他們對孔子的評價是，孔子了解人生的渡口何在，也知道怎麼過河；亦即承認他高瞻遠矚，知道社會要往哪兒發展，出路在何處，只是因為時代不對，才使他寸步難行。

子路得不到答案，問第二個人。這人聽到他們的對話，反問子路，你是誰呢？子路說，我是孔子的學生。這人說，天下大亂，到處都一樣，誰能改變它呢？你跟著逃避壞人的孔丘，還不如跟著我這逃避壞世界的人呢！說完，繼續耕田，不再理他。子路回去，把情況報告給孔子，孔子一聽就知道這兩人是隱士。

孔子神情悵然地說：「我們沒有辦法與飛禽走獸一起生活，如果不與人群相處又要與誰相處呢？天下政治若是上軌道，我就不會帶你們試圖改變了。」這句話充分表達出儒家的「淑世精神」，顯示知識份子的使命感。「知其不可而為之」，明明知道理想不能實現，還要做，為什麼？因為逃避不是最好的方法。如果大家全都歸隱山林，求得個人自在，這個社會要怎麼辦？天下無道，更需要知識份子出來努力改善，即使知道力量有限，再怎麼作也無法達到世界大同的境界，還是不肯放棄。所以儒家的智慧並不表現在解脫上，而表現於：在適當的時代與環境中，以

原 滔滔者天下皆是也，而誰以易之？且而與其從辟人之士也，豈若從辟世之士哉？

——《論語．微子》

原 夫子憮然曰：「鳥獸不可與同群，吾非斯人之徒與而誰與？天下有道，丘不與易也。」

——《論語．微子》

適當的途徑達成理想的結果。這是「擇善」與「善擇」的能力，其基礎則是：若不如此，則無法心安。

還有一次，孔子的車隊往前走了，子路在後面沒跟上。他到處找不到老師，看到旁邊有一位老人在除草，就上前請教：「請問您看到我的老師了嗎？」老人說：「四體不勤，五穀不分，孰為夫子？」你這個人四肢不勞動，五穀也分不清楚，我怎麼知道你的老師是誰？子路聽到老人訓他，拱手而立，站在路邊。老人看他表現恭謹，心想：「好吧，帶你到我家住一晚吧。」就留他在家裡過夜，殺雞做飯給他吃，又叫自己的兩個兒子出來相見。第二天，子路跟上了孔子的車隊，向老師報告這件事。

孔子一聽，知道又遇上高人了。他讓子路回去轉達一段話，子路返回，老人卻不在了，他就對著老人的家人把話說出來：「不從政是不應該的。長幼之間的禮節都不能廢棄，君臣之間的道義又怎麼能廢棄呢？原本想要潔身自愛，結果卻敗壞了更大的倫常關係。君子出來從政，是做道義上該做的事。至於政治理想無法實現，則是我們早已知道的啊。」

這等於是孔子對於隱者批評所作的回應。儒家的原則是，沒有國哪有家？國家不上軌道，人群之間的倫理關係也無法建立。人活在世間，注定要在家庭中慢慢成長，家中便有了「長幼之節」。家庭能夠存在，必須受國家的保護以及各種社會政治組織的維繫。進入社會之後，便要肯定「君臣之義」。你既然叫兩個兒子出來相見，說明你肯定了長幼之節，但比長幼之節更重要的君臣之義，你怎麼不要呢？孔子認為，為了使這一生不牽涉黑暗的政治而保持自家的清白，反而廢棄了更大的倫常關係，這是不對的；讀書人出來做官，並不是為了自己的利益，而是為了人群，為了做道義上該做的事，這是讀書人應該有的志向，即使知道理想不能實踐，但還是要做。

你受過教育，有很高的理想，但看到天下大亂，就設法明哲保身，這當然也是一種選擇；不過在這種選擇下，你怎麼教育下一代呢？你還是希望自己的孩子受教育，與人和睦相處，不是嗎？因此只有成人的隱者，卻不能有小孩的隱

原 不仕無義。長幼之節，不可廢也；君臣之義，如之何其廢之？欲潔其身，而亂大倫。君子之仕也，行其義也。道之不行，已知之矣。

——《論語．微子》

者。隱者注定要以個人身分選擇隱居，卻不能廣為傳揚此一思想，呼朋引伴，不像儒家可以名正言順經由教育，結合志趣相近的人，從事人間改革，又使自己心安。此所以儒家成為文化主流，而道家必須求諸少數智慧特高而定力超群的人。如果整個國家都腐敗了，少數幾個人還能夠維持自己的生活嗎？我想這是不太可能的。因此讀書人必須有「捨我其誰」的精神，知其不可而為之，用個人的努力來改善這個世界，如此才能回應到梁漱溟先生所說的，這個世界會好嗎？

【社會責任】

說到社會責任，可以用一個譬喻來說明：一個國家就像一輛遊覽車，領導人負責開車，帶我們到一個風景優美的地方觀賞享受。車開到一半，他突然心臟病發作，倒下來了。請問這時候車上的人有誰可以繼續開車？是有錢的嗎？有權的嗎？力氣大的嗎？還是想開車的人呢？都不是。這時候有個孔子，把開車的原理及車的構造都學會了，自然是他這個會開車的人有使命和責任把大家帶到目的地。這就是何以知識一定帶來使命，何以讀書人要有責任感。讀書人飽讀經典，了解過去幾千年社會發展的歷程之後，能夠總結經驗，引領大家走上正途。這就是儒家的入世情懷。儒家從孔子開始，就準備有了才華學問之後，可以造福社會，負起社會責任。

子貢說：「假設這裡有一塊美玉，把它放在櫃子裡藏起來呢？還是找一位識貨的商人賣掉它呢？」孔子說：「賣掉吧，賣掉吧，我是在等待好商人呢。」子貢的口才非常好，說話喜歡用比喻。「賈」可以解為「商人」，善賈就是好的商人或識貨的商人，在此比喻有眼光的政治領袖。「沽之」，代表希望有人任用我，可以讓我得君行道，濟助天下百姓。成語「待價而沽」出自這裡。但是光有本事，有服務社會的願望還不夠，還需要什麼？機會。需要有人賞識你，信任你，給你機會，讓你放手去做。可惜這樣的機會不多，連孔子都沒有得到。所以提到社會責任，很多人自以為有責任，但社會不見得需要。我在很多地方演講，常常有人跟我開玩笑，說你再講也一樣，社會還是這麼亂。我聽了之後，只能自我解嘲，因為不講的話，社會可能更亂，我所求的只是心安而已，盡力而為。《孟子》裡有一段話也體現出孔子這種社會責任感。

周霄問說：「古代的君子做官嗎？」孟子說：「做官。有記載說：『孔子三個月沒有被君主任用，就著急起來；離開國家，必定帶著謁見另一個國家君主的見面禮。』公明儀說：『古代的人三個月沒有被君主任用，別人就要安慰他。』」

古時候見諸侯要帶見面禮，見面禮通常是「雉」，很漂亮的野雞。帶一隻雉去，表示你的

原 子貢曰：「有美玉於斯，韞櫝而藏諸，求善賈而沽諸？」子曰：「沽之哉，沽之哉。我待賈者也。」

——《論語．子罕》

原 周霄問曰：「古之君子仕乎？」孟子曰：「仕。傳曰：『孔子三月無君，則皇皇如也，出疆必載質。』公明儀曰：『古人之三月無君，則弔。』」

——《孟子．滕文公下》

心意，別人才會考慮給你機會。孔子離開一個國家時，會帶著見下一個國家國君的見面禮。說明什麼？說明他真的很想做官。但他做官不是為自己，而是不忍天下蒼生陷於痛苦，希望有機會替老百姓服務。古代的君子如果好幾個月都沒有被君主任用，別人就要慰問他了，為什麼？因為讀書人沒有官做，好像農夫沒有田耕一樣。人的社會分工不同，能幹而有才學、有品德的人出來做官，等於各盡其職，共同為社會服務。

不過，儒家提到的讀書人的社會責任，也不是隨便遷就的，孔子說：「天下有道則見，無道則隱」，有人用我就做事，沒有人用我就隱居起來，做什麼？繼續修練。也許別人不用你，是因為你實力不夠，還沒有準備好。孟子也說：「古之人未嘗不欲仕也，又惡不由其道。」當官當然想當，但不能為了官位不擇手段，做違反原則的事。孔子有個學生叫閔子騫，被魯國的大夫季氏看上，要派他當縣長。閔子騫對傳話的人說：「你好好替我推辭掉吧！你如果再來找我的話，我就要逃到汶水以北，跑出魯國的邊界了。」閔子騫為什麼拒絕做官？因為季氏實在不是一個好領袖，在他手下當官，可能要放棄原則而遷就他，這樣一來，違背了儒家的立場。

古時候老百姓受教育的機會不多，生活條件比較簡陋，讀書明理的人從政，大有可為。但有時候主觀的信念和客觀的實踐有差距，這時候要看各種條件能不能配合。孔子也認為自己是一塊美玉，有足夠的水準，是可以讓人放心的政治人物，可是他不一定有機會。他作為一個讀書人，總認為只要盡自己的力量去做，能不能達成目標是另一回事，至少我盡力了。這就是讀書人的社會責任。而這一份嘗試過、努力過的心願，如果一代代傳承下去，則可以維持整個社會的進步，世界的改善也就有了希望。

【孔子想移民】

孔子之前，商朝的遺老箕子曾移民到朝鮮半島，現在朝鮮還有箕子的墓和廟。孔子是魯國人，如果移民，一渡海也到了朝鮮半島，現在大家恐怕要爭孔子是哪一國人了。孔子想移民是危言聳聽嗎？不是的，孔子其實慎重思索過這個問題，《論語》裡有證據。

孔子說：「我的理想沒有機會實現，乾脆乘著木筏到海外去。跟隨我的，大概就是由吧！」子路聽了喜形於色。孔子說：「由啊！你愛好勇敢超過了我，但是沒有地方可以找到適當的木材啊！」

「道」就個人而言，指人生觀或理想，亦即個人對於世間一切「應該如何」的體認。「浮於海」的目的是遠赴海外，類似孔子後來「欲居九

原 子曰：「道不行，乘桴浮於海。從我者，其由與？」子路聞之喜。子曰：「由也，好勇過我，無所取材。」

——《論語．公冶長》

夷」的念頭。孔子說他如果移民，到時候能跟他去的，大概只有子路吧！因為子路這個人既勇敢又豪氣，必定拋棄一切跟著老師去，別的學生可就難說了，說不定不願意放棄自己已有的成就。子路聽了很高興，以為老師需要他當保鏢。孔子只好又補上一句：「由也，好勇過我，無所取材」，表示子路雖然勇氣勝過別人，但有點有勇無謀。「無所取材」四個字有人理解成：孔子教訓子路，說你根本不能判斷我是在感嘆，並不是真的要移民。「材」與裁斷整理的「裁」通用。但是哪裡有這樣的老師，前面說乘木筏到海外去要帶著子路，後面又說子路你怎麼那麼笨，你不能判斷我是在感嘆，並不是真的想去嗎？正確的理解是，前面講的木筏需要木材做成，後面說找不到這樣的木材，表示我並不是真的想出國，只是感嘆這裡用不上我罷了。

還有一次孔子說他「欲居九夷」，「九夷」是古代的淮夷之地，在齊、魯的南方，非常落後。孔子想離開齊國、魯國這些中原地區的大國，到落後的蠻荒地區居住。有人說，那種地方非常簡陋，怎麼能夠居住呢？孔子回答：「君子居之，何陋之有？」（《論語・子罕》）君子到任何地方住，都可以安貧樂道，因為他看重的在內不在外。真正的快樂、價值、尊嚴是由內而發的。君子如果到落後的地方，正好可以從事教育，好好把他的思想作個介紹，怎麼會覺得簡陋呢？由此也可知，孔子認為自己可以作到「化民成俗」。

當然，孔子想移民只是一時興起，總覺得我在這裡不能發揮抱負，還不如到別的地方去。但他畢竟沒有成行，因為他有很深的文化認同。古代中國人以自己為文明開化者，稱四方之族為「東夷、西戎、南蠻、北狄」。孔子說「夷狄之有君，不如諸夏之亡也」，周朝各國雖然號稱是已經開化的社會，卻還不如那些文明未開的少數民族，因為春秋期間，周朝亂的時候，曾經五年沒有天子，魯國九年沒有國君。夷狄雖然在文化上比較落後，但還知道維持地區的安定發展，需要穩定的社會秩序，需要有一個領袖大家來支持。孔子感嘆中原國家明明文化比較開化，政治卻十分混亂，反而失去了一些做人的基本原則，上下都不能掌握自己的分寸，造成天下大亂，人民受苦。他說：「天下有道則見，無道則隱」（《論語・泰伯》），「用之則行，舍之則藏」（《論語・述而》）。這兩句話雖然堅持原則，未免消極被動，好像只能默默等待明君重用。「有道」與「無道」如何分辨？果真天下有道，何必需要孔子？萬一天下無道，孔子也無可奈何。翻開歷史，總在有道和無道之間擺盪，知識份子豈能置身事外？所以孔子這種想法注定難以實行，亦即他無法真正隱退。

孔子如果生在今日，會不會也想移民？答案不得而知。多半還是像以前一樣，繼續「知其不可而為之」，盡好知識份子的社會責任。《莊子》裡提到孔子說天下有兩大規律，一是對父母的孝順和思慕不能改變，二是對國家的忠誠不能改變。為什麼？你離開這裡到別的地方，還是有相關的國家制度，包括各種人權及社會的規範；這邊很亂就避開，別人那邊很安定，你去坐享其成嗎？孔子即使想移民，也絕不是去享福，享受別人的奮鬥成果，而是加以改革和完善，他說到九夷之地願意從事教化工作，願意盡知識份子的責任。儒家思想認為，人不能選擇生在什麼樣的時代，也不能安排生活在什麼樣的社會，只能了解和接受實際情況，然後設法盡自己的力量加以改善。人類世界沒有完美的階段，古代的黃金時期往往只是假想的，並非真的那麼美好，所以你只能去改善這個世界，而改善世界要從改善自己開始。自己改善了，整個社會才能慢慢跟著改善；自己不改善，腦袋裡缺乏正確的觀念，天下再怎麼太平美好，你一樣會覺得煩惱痛苦。

【名正言順】

孔子帶學生到衛國，衛國當時正發生糾紛。衛靈公的太子蒯聵，得罪了衛靈公的夫人南子，南子把他趕到國外。衛靈公一死，孫子衛出公接了君位。這一下，作兒子的沒當上國君，作孫子的反倒繼承君位，這個兒子當然回來搶，結果造成父子爭位的局面。孔子去的時候，衛出公已經當政好幾年了。子路請教老師，衛國這麼亂，如果請您來負責政治，您要先做什麼事？一般來說，我們會選擇先把經濟搞好，別的再說，但孔子不這麼看。

孔子說：「一定要我做的話，就是糾正名分了！」子路說：「您未免太迂闊了吧！有什麼好糾正的呢？」孔子說：「你真是魯莽啊！君子對於自己不懂的事，應該保留不說。名分不糾正，

原 子曰：「必也正名乎！」子路曰：「有是哉，子之迂也！奚其正？」子曰：「名不正，則言不順；言不順，則事不成；事不成，則禮樂不興；禮樂不興，則刑法不中；刑法不中，則民無所措手足。」

——《論語．子路》

言語就不順當；言語不順當，公務就辦不成；公務辦不成，禮樂就不上軌道；禮樂不上軌道，刑罰就失去一定標準；刑罰失去一定標準，百姓就惶惶然不知所措了。」

這段話非常有邏輯。「必也正名乎！」成為孔子為政的第一項考慮。政治是管理眾人之事，跟「正名」有什麼關係呢？這是理解儒家思想的關鍵之一。「名」有兩種，一種是名實，一種是名分。名實就是有名有實，「桌子」是一個名稱；一張桌子擺在眼前，這是事實。我們平常講名實的時候比較簡單，你問這人叫什麼名字？他說我叫某某。某某就和這個人連在一起了。

任何東西都有名稱，每個人只要客觀認識，都可以掌握。名分則回歸到名稱所對應的本分，代表配合某種身分、角色、地位，要有某種分寸、要求和標準在裡面。人的世界最大的特色在於除了實然還有應然。實然就是事實上如何，應然是應該如何。如果光講實然，不問應然，社會就沒規矩了，就亂掉了。所以孔子的「名正言順」是從「名分」的角度考慮的。

孔子在齊國時，有一次齊景公問他，該怎樣推動政治？孔子說了八個字：君君、臣臣、父父、子子。第一個「君」是名稱，是現在的君；第二個「君」是本分，是理想的君；意思是你有君的名稱，就要有君的理想表現，要學堯舜禹這些。

臣臣、父父、子子也一樣，可以翻譯為：「君要像君，臣要像臣，父要像父，子要像子。」齊景公聽了，覺得很有道理，說：「善哉！信如君不君，臣不臣，父不父，子不子，雖有粟，吾得而食諸？」（《論語．顏淵》）如果君不像君，臣不像臣，父不像父，子不像子，就算國家糧食很多，我吃得到嗎？等於大家都要各安其位，各盡其責，社會才能穩定和諧。

現在衛出公當了國君，他的父親，也即前太子，從國外回來了，認為自己才應該當國君。雙方都認為自己有理，對方不正當、不合法。到底誰應該繼承君位？先占位置的就算贏嗎？用非法手段得到地位也無所謂嗎？誰是君誰是臣要弄清楚，否則亂局會一直持續下去。

所以孔子說，治理衛國的問題先要「正名」，把君臣父子之間的名分糾正清楚。否則名分不糾正，言語就不順當。因為說話要根據你的身分，你扮演什麼角色，說出來的話要符合相應的角色。如果言語不合乎身分，怎麼推動國家事務呢？公務辦不成，禮樂不上軌道——禮樂指人與人之間適當關係的表現。禮樂不上軌道，刑罰就失去標準，到最後老百姓為所欲為，造成天下大亂。天下大亂，你當國君的也不能夠好好生活下去。

所以儒家重視名分，要名正，才能言順。具有什麼樣的身分，說出來的話才有適當的效果，不能越權。假設你只是祕書，要替老闆說話，那是不行的，除非你有明確的授權，否則說出來的話只代表祕書。所謂「唯器與名，不可以假人」，如果名分隨意加給不適當的人，他就會誤用、濫用，造成問題。同樣，具有某種名分，要盡量作到這個名分所要求的標準。只有每一個人都盡到他的責任，把他的本分作到，社會才能安定。政治上也是如此，要先糾正名分，後面一系列才能作到言順、事成、禮樂興、刑法中，老百姓才知道該怎麼生活發展下去。

【上行下效】

魯國有三家大夫：孟氏、叔氏、季氏。他們的子弟是世襲的，生下來就有官做。尤其季氏一家，權力特別大。到了季康子，二十幾歲已經當上魯國的正卿。這時候孔子正在擔任國家顧問，季康子這個年輕的大官就來請教孔子，應該怎麼樣從事政治？孔子的回答很簡單：「政者，正也。子帥以正，孰敢不正？」（《論語・顏淵》）政的意思是正，當政者帶頭走上正道，誰敢不走上正道？換句話說，一旦政治領袖不走正道，天下百姓豈不絕望？

這話是一個老人家對年輕人的期許，但這個年輕人也許只想著怎麼運用手中的權力，聽到自己必須先行得正、坐得端，大概感到壓力很大。當時魯國的強盜很多，季康子又問，盜賊太多怎麼辦？孔子說：「苟子之不欲，雖賞之不竊。」（《論語・顏淵》）如果你自己不貪求財貨，就算有獎賞，別人也不會當強盜。什麼意思？在上位者貪得無厭，有些人迫於生計或有樣學樣，才淪為強盜。反之，如果領導人不那麼貪心，百姓也會有廉恥之心，自重自愛。孔子這話說得非常坦直，甚至有點誇張，目的是讓為政者早些覺悟。

季康子接著請教孔子，如果我把為非作歹的人都殺掉。親近修德行善的人，這樣作如何？這種話一聽就知道太殘酷了。美國一位政治學者說，政治最重要的是避免殘酷。一個人大權在握，動不動就要把壞人殺掉，但他忽略了一點，沒有人生下來就是壞人，壞人是社會環境、教育制度等各種因素配合起來，使他走上邪路的。換句話說，壞人是從平常人墮落成壞人的，好人也是平常人努力才成為好人的，不能把人簡單地進行二分法。

孔子回答說：「您負責政治，何必要殺人？您有心為善，百姓就跟著為善了。政治領袖的言行表現，像風一樣；一般老百姓的言行表現，像草一樣；風吹在草上，草一定跟著倒下。」

孔子有趨勢的觀念。我們說天下無道或天下有道，無道是天下正在走向無道的亂世，有道是天下正在走向有道的治世，都是趨勢，不可能黑白二分。人也一樣，人是自由的，可以為善，也

原　孔子對曰：「子為政，焉用殺？子欲善而民善矣。君子之德風，小人之德草。草上之風，必偃。」

——《論語・顏淵》

可以為惡。明明有嚴刑峻法，還去為惡，可見惡的誘因很大。誘因之一就是教化失敗，而這正是領導者的責任。

但季康子這位年輕的大官以為只要把違法亂紀的人殺了，問題就解決了。殺人好像就是一句話，隨便就能消滅一個人。春秋戰國一路下來，戰爭太多了，老百姓的命太不值錢了，殺人成了一件很平常的事。孔子完全不能接受這種想法。他說：「您來負責政治，何必用殺人的辦法呢？您自己願意走上正路，老百姓自然跟著您行善了。」這叫作「風動草偃」，領導者的行為表現像「風」一般，老百姓的行為表現則像「草」一般；風吹向東，草就倒向東，毋寧是十分自然的。這正是我們常說的「上行下效」，或孟子所說的「上有好者，下必有甚焉者」，在上位的人喜歡什麼，底下的人就會變本加厲地提供，以博取領導人的歡心，這是社會常見的情形。

孔子的用心是希望領導者「以身作則」，打破階級對立格局，上下一起追求美善和諧的人生。他說：為政以德，譬如北辰，居其所而眾星拱之（《論語‧為政》）。你用德行來治理國家，就好像北極星一樣。北極星的位置不動（北極星在古人的認知裡面是不動的，當然今天的天文學告訴我們，宇宙裡沒有完全不動的星球，因為你找不到定點測量它動還是不動），別的星辰環繞著它，各居其位，既和諧又有序。如果以德行來治理國家，本身不用做事，天下就通通上軌道了。子曰：「無為而治者其舜也與！夫何為哉？恭己正南面而已矣。」（《論語・衛靈公》）舜只是以端莊恭敬的態度坐在王位上，就把國家治理好了。因為他治國的時候，先修養自己的德行。當政者成為善的典型，老百姓自然朝著善的方向走。這就是儒家的無為而治，要先「恭己」，自己作得正直、謹慎。所以當政者千萬不要想著隨便殺人，把壞人通通殺掉，就能把國家治理好。如果這個辦法成立，恐怕很多國家都剩不了多少人了。應該怎麼辦呢？透過教育，透過政治的方法，讓老百姓走上正途。沒有人生下來是壞人，每一個人都有希望走上正路，只是領導者要正確的設計制度，讓每個人的一生可以過得比較安穩。

「上行下效」來自「人性向善」的基本觀念。在上位者的「德」一旦表現出來，人心自然樂於順從，向著「善」安排自己的人生，自然可以天下太平。相反，在上位的人為惡，老百姓也會跟著為惡嗎？這是很大的問題。孔子認為這是不成立的。在上位的人為惡，老百姓會很生氣，因為那可能導致天下大亂了。

【一言興邦】

魯國的國君魯定公有一次請教孔子，「一言可以興邦，有諸？」一句話就可以讓國家振興，有這樣的事嗎？孔子回答：「話不可以說得這樣武斷，以近似的程度看，有一句話是：『作君主很難，作臣屬也不容易。』如果知道作君主很難，不是近於一句話就可以使國家興盛嗎？」

「幾」是近似、接近的意思。國家興亡的原因原本十分複雜，即使專就君主的責任而言，也只能說「近似」而已。孔子認為，君臣如果知道自己是替老百姓做事，責任非常重大，需要好好努力，就沒有問題；相反，君臣如果不替百姓設想，反而作威作福，國家又怎麼可能興盛呢？儒家特別強調「謹慎」二字，只要是替大家服務的事情，都要戒慎恐懼。孔子曾以禹作例子，說禹

原 孔子對曰：「言不可以若是，其幾也，人之言曰：『為君難，為臣不易。』如知為君之難也，不幾乎一言而興邦乎？」

——《論語・子路》

吃得簡單，對鬼神的祭品卻辦得很豐盛；穿得粗糙，祭祀的衣冠卻做得很華美；住得簡陋，卻把全部力量用在溝渠水利上。因此「禹，吾無間然矣」（《論語・泰伯》），他對於禹沒有任何批評，因為禹戒慎恐懼，知道事情很難做好而努力在做。

還有一句話叫「人飢己飢，人溺己溺」，出於《孟子》。禹負責治理洪水，看到有人淹死，好像是自己讓他淹死一樣；稷負責種植五穀，教老百姓稼穡，看到有人挨餓，好像是自己讓他們挨餓一樣。如果領導者能夠有這樣的心意，認為每個百姓所遇到的困難都是我的責任所在，我要想盡辦法幫助他們，國家自然興盛。背後的道理是什麼呢？領導者把自己的快樂憂愁和老百姓結合在一起，所謂「樂以天下，憂以天下」，以天下人的快樂為樂，以天下人的憂愁為憂。宋朝范仲淹把它引申為「先天下之憂而憂，後天下之樂而樂」。事實上，這句話不容易作到。後天下之樂而樂，誰作得到呢？等於天下人都快樂了，我這個領導人再來快樂，那你恐怕永遠快樂不起來，因為天下總有人不快樂。重要的是要有責任感，想盡辦法用你的知識、能力、才幹，尤其是德行來幫助百姓，始終戰戰兢兢，夙夜匪懈，如臨深淵，如履薄冰，知道這是不容易作到的事情，任何時候都不鬆懈，專心盡自己的責任，這樣國家才可能興盛。

既然一言可以興邦，魯定公接著問了，「一言而喪邦，有諸？」一句話就可以讓國家衰亡的，有這樣的事嗎？孔子回答：「有一句話是：『我作君主沒有什麼快樂，除了我的話沒有人違背之外。』如果說的話是對的而沒有人違背，不也很好嗎？如果說的話是不對的，而沒有人違背，不是近於一句話就可以使國家衰亡嗎？」

身為國君，聽不進別人的諫言，別人的話和你的想法不一樣，你就不接受，完全不了解忠言逆耳的道理，這樣下去國家不就滅亡了嗎？所以「一言喪邦」是告誡身為領袖的人一定要謙虛，要聽取不同意見，千萬不要自我中心，太過主觀。儒家思想非常忌諱政治領袖主觀太強，認為我有權力，我說了算，我就可以拍板定案，大家都得聽我的。這樣一來，大家只說好話，不說批評的言論，社會怎麼改善呢？最後恐怕大家都要

原　人之言曰：「予無樂乎為君，唯其言而莫予違也。」如其善而莫之違也，不亦善乎？如不善而莫之違也，不幾乎一言而喪邦乎？

——《論語．子路》

陷於困境了。

孟子有個學生叫樂正子，他去魯國當大官，孟子高興得晚上睡不著覺。別人問，你這個學生有什麼優點，他做官你這樣高興？說實在的，樂正子的能力不是很強，德行也不是很高，但他有個好處，喜歡聽取別人的建議。人如果非常謙虛，能夠聽取不同意見，別人就願意給他建議、幫助，天下人都來跟他講怎樣作更好，他自然而然集大成，把所有好的意見匯集起來加以實踐，最後取得很好的效果。相反，如果認為官大學問大，官大道德高，只要有了官位，說什麼都是對的，很容易讓國家走上衰亡之路。後來孟子見梁惠王、齊宣王這些國君，經常提到類似的觀念。有一次孟子直接告訴齊宣王：「你當國君，不要隨便指導別人該怎麼作。」為什麼？因為古代國君是世襲的，他父親是國君，他也是國君，但他不見得懂得怎麼治國。懂得治國的是一些專業知識份子，這時候你要信任這些專業人士。孟子舉了一個例子，假設這裡有一塊原始的玉石，就算它價值二十萬兩，也一定要找玉匠和專家來雕琢。治理國家也是一樣，越是重大的任務，越需要專業人士。別人學了一輩子只有這麼一項專長，為什麼不讓他發揮呢？

我們今天在團體中也是這樣。領導別人，首先要設法從每個人身上學到一些長處，敞開心胸聽取有價值的言論。千萬不要聽到別人講自己的過失，就很生氣，找藉口辯護，這樣一來怎麼能改善？我們應該學習古人的態度，子路聽到別人說他有過失就很高興，大禹聽到有價值的言論會向別人拜謝，舜更了不起，他從別人身上選擇某些優點，自己加以實踐，最後變成天下最偉大的聖人。

第七講　理解孔子

孔子的志向建立在人性向善的觀念上。了解這一點，才能理解他的思想。

兩千多年下來，那麼多人讀《論語》，尤其宋朝有那麼多重要的哲學家都研究孔子，他們了解孔子嗎？不一定。如果沒有把孔子的志向以及「殺身成仁」的道理說清楚，他們是否是孔子的知音，值得懷疑。

【誰了解孔子】

誰了解孔子？孔子在《論語》裡公開說：「沒有人了解我啊。」子貢說：「為什麼沒有人了解老師呢？」孔子說：「不怨恨天，不責怪人，廣泛學習世間的知識，進而領悟深奧的道理，了解我的，大概只有天吧！」

孔門弟子三千，達者七十二人，怎麼孔子還說沒人了解他呢？是他教得不好，還是學生沒認真學呢？其實要了解孔子，有幾個簡單的辦法。第一，了解孔子的志向。使老年人都得到安養，使朋友互相信賴，使青少年都得到照顧，這是孔

原　子曰：「莫我知也夫！」子貢曰：「何為其莫知子也？」子曰：「不怨天，不尤人，下學而上達，知我者其天乎！」

——《論語・憲問》

原　子曰：「老者安之，朋友信之，少者懷之。」

子一生的志向。不了解這一點，就無法理解孔子的思想。第二，了解「殺身成仁」的意義。「仁」是孔子一以貫之的「道」。孔子認為活在世界上一定要覺悟人性向善，為了行善而犧牲生命，是完成生命的要求，不但不是犧牲，反而是成全。善是什麼？善是我跟別人之間適當關係的實現。「別人」從父母兄弟姊妹開始，到天下每一個人。孔子的志向建立在人性向善的觀念上。了解這一點，才能理解他的思想。不過，《論語》裡提到的有些人似乎了解孔子，但不是他的學生，而是道家的隱者。

孔子居留衛國時，某日正在擊磬，有一個挑著草筐的人從門前經過，說：「磬聲裡面含有深意啊！」停了一下，又說：「聲音硜硜的，太執著了！沒有人了解自己，就放棄算了。『水深的話，穿著衣裳走過去；水淺的話，撩起衣裳走過

——《論語・公冶長》

原 子擊磬於衛，有荷蕢而過孔氏之門者，曰：「有心哉，擊磬乎！」既而曰：「鄙哉！硜硜乎？莫己知也，斯已而已矣。『深則厲，淺則揭。』」子曰：「果哉！末之難矣。」

——《論語・憲問》

去。』」孔子說：「有這種堅決棄世之心，就沒有什麼困難了。」

這人實在是孔子的知音。他只是聽到孔子敲磬，就能明白孔子的心聲。「鄙哉！」鄙是不夠高尚，不夠超脫，太執著了。「深則厲，淺則揭」出自《詩經・邶風・匏有苦葉》，過河的時候，河水太深，不用把衣服脫了，反正一樣溼掉；河水不深的時候，才把衣服撩起來，走過去。什麼意思呢？這人勸孔子，你生在亂世，就不必自鳴清高了；既然想要關懷人間，從政做官，就不要怕沾鍋，不要怕跟別人做一些同流而不合汙的事情：現實世界雖然黑暗，但你還不放棄，要堅持到底，不必如此啊！沒有人了解你，放棄算了，自得其樂，獨善其身吧！孔子聽了，回答說，有這種堅決棄世之心，就沒有什麼困難了。因為他不忍心脫離這個世界，不忍心一個人獨善其身，他要利用一切機會來改善這個社會，絕對不能一個人過好日子就算了。所以即使碰上了解自己的人，卻「道不同，不相為謀」，沒有辦法。

孔子所處的春秋時代是一個亂世，人不能選擇自己生存的時代，卻可以選擇自己的處世態度。在亂世裡，可以堅持原則，鍥而不捨，也可以得過且過，消極無為，因為亂世不是一個人或少數人的力量可以改變的。隱者這一群體選擇的路線，便是離開這個社會，另外選擇一種生活方式，過自己的日子，讓自己快樂。如果繼續奮鬥，對社會的改變很小，反而犧牲了自己的一生，還不如選擇過自得其樂的生活。這些人智慧極高，但並沒有像老子、莊子一樣，將自己的思想以著作的方式表達出來，而是隱居在各地，經常遷徙。

孔子在周遊列國的途中，好幾次碰到這類人。除了「荷蕢者」，他在楚國還碰到一位狂放不羈的接輿。接輿經過孔子的馬車旁，唱道：「鳳兮鳳兮！何德之衰？往者不可諫，來者猶可追。已而已而，今之從政者殆而！」（《論語・微子》）他把孔子比喻為鳳。鳳是罕見、高貴的鳥，也即承認孔子的學問和道德境界極高。但「何德之衰」，為何要為政事到處奔走，棲棲惶惶，經常餐風露宿，弄得如此落魄呢？他提醒孔子，過去的已不能追悔，未來的還可以把握；罷了罷了，現在的從政者都是很危險的。孔子聽了，便想下車與這位隱士交談，但接輿卻避開了。

表面看起來，這些隱士似乎比較聰明，知其不可而安之若命。知道行不通，就接受它，把它當作自己的命運。而孔子明明知其不可，還要為之，最後的結果仍然不行。這是為什麼呢？儒家有一個歷史觀念：生命會傳承，歷史會發展，社會會演進。今天這個時代的人做不到的事，下一代或再下一代未必做不到。人的生命有它的限制，有它可憐的一面，但是人的生命，也有昇華的偉大情操的顯現，可以突破時間、空間的限制，與不同時代、不同地方的人，遙相呼應，產生共鳴。這就是為什麼千載之下，我們今天仍在閱讀《論語》，探討孔子的原因。儒家始終認為，只要有能力，一定要盡自己的力量來改善社會。隱士對孔子的評價雖然一針見血，令人激賞，孔子本人也有知音之感，但也僅止於此，不能進而共襄盛舉，為百姓謀福。

【誰歧視女性】

我在美國讀書的時候，同寢室有個日本同學。有一天我和他在校園裡聊天，來了一位美國女同學，她跟日本人同系，三個人一起聊。聊著聊著，這位女同學突然想到了什麼事，指著日本人說：「你們日本人惡名昭彰，因為你們歧視女性。」這位日本同學讀過《論語》，立刻指向我說：「你不能怪我們日本人，都是孔子害的。」

孔子說：「只有女人與小人是難以共處的，與他們親近，他們就無禮；對他們疏遠，他們就抱怨。」

孔子一定沒有料到，這句話千古以來被當成歧視女性的證據，使他成為近代女權運動者攻擊的目標。但這個說法對嗎？我認為是一個誤會。人說話有兩種可能，第一種是描述當時的社會現

原　子曰：「唯女子與小人為難養也，近之則不遜，遠之則怨。」

——《論語．陽貨》

象，第二種是發表個人的特定主張。孔子說這句話，我認為屬於第一種，描述當時的社會現象。古代社會是「男有分，女有歸」，「男主外，女主內」，女子沒有公平受教育的機會。沒有受教育的機會，就很難開發潛能，進而無法在經濟上獨立；經濟上不獨立，人格上也很難挺立，心胸和視野受到很大的限制，出現所謂「難養」，難以相處的情況，是可以理解的。孔子的話雖然尖銳，卻是古代的實情。而且我們千萬不要以為只有中國古代的女性才受委屈。據我所知，在希臘時代的雅典，一般女性也都是在家裡活動，很少有機會參與社會、政治、軍事等公共事務，她們同樣也很委屈。這種不合理的情形在古代許多社會都很常見。

今日的女性與古代的女子在教育機會、經濟能力、自主意識等方面已大不相同。假如孔子生在當今這個時代，想必也會把「女子」一詞刪去，專就「小人」來批評吧？所以實在不可不考慮時代背景就批判孔子歧視女性。現在只需把注意力轉到「小人」身上，在今日看來，小人倒是可以不分古今，不分男女。

「小人」是什麼樣的人呢？在《論語》裡是與「君子」相對的人。孔子口中好像只有兩種人，一種是小人，一種是君子。我小時候讀《論語》，讀到君子、小人，有點自卑，因為我好像就是「小人」啊。後來我才了解，「小人」亦指小孩子，尚未入學的小孩比較「難養」，大概是每個家庭都有的體認。小孩長大之後，心態上沒有改變，依然跟小時候一樣，靠本能、靠欲望、靠衝動生活，很容易受到別人的影響，這就成了真正的小人了。為什麼會這樣？因為他缺乏「立志」。小人與君子的區別在於有沒有「志向」。所謂「君子立恆志，小人恆立志」，這個志向最主要是改造自己。人活在世界上最可貴的地方，在於可以學習，可以思考，發現有好的東西，可以設法了解和實踐，改變的不光是外在，更主要是內在，通過自我德行的修養，堅持理想，堅持原則，達成生命的目的。孔子首先開創平民教育，目的也是為了培養君子，減少小人，引導年輕人立志求學問道，從而使生命出現轉機。

《論語》裡有很多君子和小人的對比，例如「君子周而不比，小人比而不周」（《論語・為政》）、「君子喻於義，小人喻於利」（《論語・里仁》）、「君子坦蕩蕩，小人長戚戚」（《論語・述而》）。在今日社會，「小人」絕不限於一般的小市民，甚至達官顯貴，也在面對更高的威權時，表現出「近之則不遜，遠之則怨」的態度：親近了，就恃寵而驕，言行無禮；疏遠了，又自覺被棄，卻依然自鳴清高。我有時候想想，自己也不例外。我在大學教書，校長如果對我特別好，我自然覺得好像高人一等，很得意；校長如果不理我，我就難免心生抱怨。因此「近之則不遜，遠之則怨」是相當普遍的現象，是人之常情，很少有人可以過這一關，孔子只是一語道破相關現象的癥結而已。

了解這些，大概不會再責怪孔子歧視女性了。孔子三歲父親過世，是母親把他帶大的，他有同父異母的姊姊九人，你說他歧視誰呢？孔子看重的是每個人都有的內在價值。不論男女，只要受過教育，能夠開發潛能，選擇正確的人生方向，不斷上進，就值得肯定；如果不肯上進，難免會被孔子認為是「難養」了。

儒家思想其實更注重在實際情況下，配合自己的身分，遵守相關的禮儀和法律，並不是真的歧視女性，我們看孟子的表現就知道。孟子的學生樂正子曾經希望魯國國君主動拜訪一次孟子，結果有人反對，理由是「孟子後喪踰前喪」。孟子的父親先過世叫「前喪」，母親後過世叫「後喪」。孟子為母親辦喪事，豪華隆重的程度遠遠超過為父親辦的喪事。為什麼？因為孟子年輕時是一個士，他父親過世時，他只能以士之禮來為父親辦喪事；後來當到大夫，母親過世了，他當然以大夫之禮為母親辦喪事了，而且他後來也比較有錢，給母親買了最好的棺木，結果被人誤會他為母親辦的喪禮更隆重。事實上，這完全無關乎父親還是母親，而是關乎作兒子的身分、角色和能力。人都是父母所生，父母有男有女，你不可能重男輕女。說實在的，我們有時候對母親的感情還要更深一些。所以千萬不要再誤會孔子歧視女性。如果有人歧視女性，跟孔子絕對無關。

【誰在收肉乾】

我讀中學時，一位老師教孔子的一句話：「子曰：『自行束脩以上，吾未嘗無誨焉。』」（《論語・述而》）老師翻譯成：「孔子說：『自己帶了肉乾來找我，我是沒有不教的。』」結果同學哄堂大笑。這樣翻譯，孔子好像成了開補習班的，只要交學費，我就教。後來我讀馮友蘭先生的《中國哲學史》，談到孔子時，說他是一位至聖先師，拿他跟希臘大哲蘇格拉底比，比到最後，馮先生說，孔子還是比不上蘇格拉底，為什麼？因為蘇格拉底教學生不收學費，並且嚴詞批評別人收學費；但孔子是收學費的，而且公開聲明：「只要交了學費，我是沒有不教的。」馮先生還加了一句：這也不能怪孔子，因為生活總是要維持的，教書收費無可厚非。

我讀到這一段心裡很感慨，事實真是這樣嗎？在仔細蒐集各種資料，認真研究之後，我發現大家其實冤枉了孔子。這裡所說的「束脩」並不是指肉乾，而是指可以行束脩之禮的人，也就是十五歲以上的人。換言之，只要是十五歲以上的孩子，孔子就願意教誨。這正是「有教無類」的心懷與抱負。至於實際是否帶著肉乾這樣的薄禮，反而是無關緊要的問題了。

為什麼這麼說呢？首先，這句話的讀法若是「自行／束脩／以上」，就可能有

「自己帶著／薄禮或學費／來見我」的意思。但是從古人說話的句法來看，整部《十三經》裡沒有任何一處是以「自行……以上」來表達的，反而「自……以上」的句法出現過兩次。《周禮．秋官司寇》記載「自生齒以上，皆錄於版」，亦即從一歲（長出牙齒）以上的小孩，就要登記戶口。這無疑針對「年齡」而言。因此孔子這句話應該讀成「自／行束脩／以上」，從十五歲以上。古代男子十五歲入學，所備之禮即為束脩，行此禮之男子的年齡可用「行束脩」稱之。東漢鄭玄為「束脩」所下之注語即是：「謂年十五已上」（見《後漢書．卷六十四．延篤傳．注》）。

第二個理由是「自」這個字在《論語》裡出現了二十次，其中十次當作「從」來講，例如「有朋自遠方來」，從遠方來。還有十次作為反身動詞的主詞，當「自己」來講，例如「自道」，說自己；「自辱」，侮辱自己，後面不會再有受詞。古代不像今天有月曆年曆，很容易知道今年幾歲。在古代，問人幾歲，他說比去年多一歲。那去年幾歲？比前年多一歲。到底幾歲搞不清楚。古人更在乎的是你是否經過了某一個階段，女孩子十六歲要行及笄之禮，頭髮束起來，別人一看知道她待字閨中，準備嫁人了。男孩見面要問「加冠」了沒有。男子二十歲行冠禮，以示成年。行束脩則是貴族子弟十五歲上大學時，要送十束肉乾，後來用來代表十五歲。

孔子自己沒有機會讀大學，他「十有五而志於學」，到處訪求名師指點，最後卓然有成，推己及人，回饋社會，公開宣布，十五歲以上，我沒有不教的。他要求弟子「謀道不謀食」、「憂道不憂貧」，怎麼可能大聲宣傳自己要收費教徒呢？

還有一個理由，《論語》是孔子的學生編的，如果這句話真有「收肉乾」的負面意思，恐怕會被刪掉。事實上這句話完全印證了孔子有教無類的胸襟。況且他有弟子三千，每人送十束肉乾，就是三萬束肉乾，怎麼吃呢？吃了還有命嗎？《論語・鄉黨》裡有一句話鐵證如山：「沽酒市脯，不食」，孔子很注重飲食衛生，對於市面上買來的酒和肉乾是不吃的，他怎麼可能跟學生說，你送肉乾來我就教你呢？這完全違反孔子的生活習慣。

很多人說，孔子不收肉乾，他生活怎麼辦？孔子年輕時做過一些基層公務員工作，管過倉庫、牧場，後來主要的工作收入是替別人辦喪事。辦喪事在古代是高尚的行業，因為人生自古誰無死，一旦過世就需要專家來幫忙料理後事。所以孔子有他的生活資源，這一點實在不需要我們擔心，我們要擔心的反而是他的學生不太長進，以至於後來墨家的學者批評說，孔子這些學生真不像話，聽說有錢人死了就很高興。為什麼？吃飯的機會來了。可見孔子的一些學生也是以辦理喪事為重要的生活資源，這是老師教的嘛。但是他們忘記一點，辦喪事要心存哀戚，要能體諒喪家，不能想著這是我吃飯的機會來了，好像我要開始工作上班一樣，絕對不能有這樣的想法。

孔子的生活非常簡樸，甚至很窮困。這一點可以在《論語》裡找到許多例證。所以他教學的時候，弟子誠心送來薄禮，他也沒有理由拒收。但是本末輕重不宜混淆，說孔子教書要收肉乾當學費，我認為不然。因為像顏淵這樣的學生，一貧如洗，孔子還對他讚譽備至。把「束脩」當成學費，實在是以小人之心度君子之腹了。

【為何挑剔食物】

「割不正，不食」這句話我們都熟悉。肉沒有割正，孔子就不吃。當時我們對孔子的印象實在不好。有肉吃不錯了，那麼挑剔幹麼？後來讀到《論語》這段原文，才知道孔子對食物的挑剔何止「割不正，不食」，他有八種東西不吃，三種東西不多吃。

食物不以做得精緻為滿足，肉類也不以切得細巧為滿足。食物放久變了味道，魚與肉腐爛了，都不吃。顏色難看的，不吃。味道難聞的，不吃。烹調不當的，不吃。季節不對的菜，不吃。切割方式不對的肉，不吃。沒有相配的調味料，不吃。即使吃的肉較多，也不超過所吃的飯量。只有喝酒不規定分量，但從不喝醉。買來的酒與肉乾，不吃。薑不隨著食物撤走，但不多

原　食不厭精，膾不厭細。魚餒而肉敗，不食。色惡，不食。臭惡，不食。失飪，不食。不時，不食。割不正，不食。不得其醬，不食。肉雖多，不使勝食氣。唯酒無量，不及亂。沽酒市脯，不食。不撤薑食，不多食。

——《論語・鄉黨》

吃。

有人根據「食不厭精，膾不厭細」，認為孔子是一位美食主義者。「厭」這個字在古代有不同的理解，有人理解為食物越精巧越好，肉切得越細緻越好。其實不是的，這裡的意思是說孔子吃東西不在乎是否精巧，是否細緻，因為他很能夠自得其樂。他曾經說自己「飯疏食，飲水，曲肱而枕之，樂亦在其中矣，不義而富且貴，於我如浮雲」（《論語・述而》）。哪怕過的是粗茶淡飯的簡陋生活，也不在乎。他稱讚顏淵：「一簞食，一瓢飲，在陋巷。人不堪其憂，回也不改其樂。賢哉，回也！」（《論語・雍也》）可見孔子對於生活的享受完全不放在心上。

但他為什麼又有八種食物不吃呢？養生的考慮。俗話說：「病從口入，禍從口出。」古代醫藥衛生不太發達，一旦生病，不容易治癒。怎麼辦呢？預防勝於治療，而預防的最好方法是吃東西小心一點。例如切割方式不對的肉，不吃。我年輕時不太理解這句話，自己過了五十歲以後才知道，肉的切割方式不對，確實不容易咬爛；再加上年紀大了牙齒不好，吃下去很可能不消化。孔子的飲食看似挑剔，其實是以飲食為養生及享受之途，原本應該多加注意。

孔子還有三種食物不多吃：肉不多吃，酒不多喝，薑不多吃。這些生活經驗都非常切合實際的情況。人的酒量跟身心狀況有關，今天心情很差，一杯酒就醉了。

我就看過一個朋友，心情壞到極點，大家聚餐的時候，一杯酒之後，人不見了，為什麼？到桌子底下去了，喝醉了。心情好的時候，往往是「酒逢知己千杯少」。孔子的酒量如何，不得而知，但是從來不會喝醉失態。他說自己「喪事不敢不勉，不為酒困」，替別人辦喪事時，不敢不盡力把喪事辦好，不因為喝酒而造成任何困擾。顯示孔子的人生態度：做任何事都恰如其分，盡好自己的本分，即使對飲酒同樂，也有明確的守則，適可而止。這確實需要高度的自知之明和自制之力。

孔子是一個重視身體健康，注意養生的人。除了對食物很挑剔，他的起居作息也有頗多值得參考之處。例如「食不語，寢不言」，吃飯時不交談，睡覺時不說話。這樣不但對健康有益，也可以培養做好每一件事的專注力。再例如，「寢不尸，居不客」，睡覺時不像死屍一樣，仰天平躺；平日坐著，也不像見客或作客一樣，跪著兩膝在席上。這兩件事似乎都合於養生之道。側睡是既正確又舒服的姿勢，尤其向右側睡，對腸胃較好。平日居家，當然不必像見客或作客一樣，連坐著都嫌拘謹，應有個人家居的自在與怡然。甚至連生病吃藥，孔子都很慎重。有一次他生病了，魯國的大夫季康子送藥給他，孔子「拜而受之」，但是說：「我不清楚這種藥的藥性，所以不敢服用。」有人據此認為孔子可能深通醫理。藥必須對症，不能隨便服用。對一個人是良藥，也許對另外一個人是毒藥，不可不慎。

從孔子的養生觀念，可知他是全方位的思想家，不只談一些高尚的人生理想，也注意到人生實際情況的方方面面，從每日的食、衣、住、行開始，每一步都走在人生的正途上，不因吃喝玩樂而忘記了人生理想。而這些養生觀念，不僅對古人，對我們今天的人也非常有用。現在很多人患所謂的「富貴病」，大多是飲食和生活習慣方面的問題造成的。經濟繁榮之後，我們不應該只把注意力放在飲食享受上，而要設法加強人生的修養。因為真正的快樂在內不在外，從外面得到的樂趣，會隨著刺激效應的遞減而慢慢減少，到最後求樂反苦；經由自我修養，由內而發的快樂，卻是真正持久的。孔子一再強調要重視飲食，是因為人生的時間非常寶貴，應該抓緊時間修養自己，生病雖然難免，但總要設法避免。

【誰的耳朵順了】

人類歷史上最短的自傳是孔子說的，原文只有三十七個字，大意是：「我十五歲時，立志於學習；三十歲時，可以立身處世；四十歲時，可以免於迷惑；五十歲時，可以領悟天命；六十歲時，可以順從天命；七十歲時，可以隨心所欲都不越出規矩。」

這是孔子一生的自我描述。但我要減掉一個「耳」字（六十而（耳）順），因為這個字不但在整段話的文脈上說不通，而且與孔子生平的事蹟也毫不相干。首先，「耳」這個字在《論語》裡出現過四次，兩次當語助詞，沒有意思，如「前言戲之耳」（《論語・陽貨》），「汝得人焉耳乎」（《論語・雍也》）；還有一次明指耳朵，「洋洋乎盈耳哉」（《論語・泰伯》），耳

原　吾十有五而志於學，三十而立，四十而不惑，五十而知天命，六十而（耳）順，七十而從心所欲不逾矩。

——《論語・為政》

朵裡面充滿了音樂的旋律；第四次就是「六十而耳順」了。由孔子自述生平的其他各階段來看，如「志於學、立、不惑、知天命、從心所欲不踰矩」，都是他在《論語》中反覆聲明的題材，唯獨對「耳順」卻無一語提及。

再看孔子六十歲前後所做的事情，跟耳朵沒有任何關係。他五十五歲到六十八歲周遊列國，到處奔波。有一次子路清早進城，守門人問他從哪兒來？子路說：「從孔家來的。」守門人說：「是知其不可而為之者也。」就是那位知道行不通還一定要去做的人嗎？可見當時有很多人用「知其不可而為之」形容孔子。為什麼明明知道理想不能實現，還要去做呢？因為要順天命。

孔子有一次到了衛國邊境一個小地方，叫作「儀」。「儀封人」，也即這個地方的封疆官員，想跟孔子見面。談完之後，這人出來反而安慰孔子的學生說：「二三子何患於喪乎？天下之無道也久矣！天將以夫子為木鐸。」各位同學，你們何必擔心沒有官位呢？

天下混亂已經很久了，上天要以你們的老師孔子作為教化百姓的木鐸。古時候有金鐸、木鐸，金鐸是金口銅舌，裡面的鈴鐺是用銅做的，敲起來聲音刺耳尖銳，一般用於軍事作戰；木鐸是金口木舌，聲音鈍鈍的，代表宣傳教化。儀封人說，上天要以你們老師作為木鐸，代表教化百姓正是孔子的天命。

孔子在周遊列國時兩次生命遇險，也都訴諸於天。第一次在匡，他說：「天之未喪斯文也，匡人其如予何？」（《論語・子罕》）上天如果還不讓我們的文化消失，匡人又能對我怎麼樣呢？第二次在宋，司馬桓魋要殺害他，他說：「天生德於予，桓魋其如予何？」上天是我這一生德行的來源，桓魋又能對我怎麼樣呢？可見，孔子對自己是在奉行天命充滿信心，有恃無恐，認為你們不能對我怎麼樣。這正是他基於知天命、畏天命，而表現的順天命。因此，「六十而順」是在順天命，跟耳朵完全無關。

如果這些還不能證明，可以看原文，每一句「而」字後面都是動詞：而志於學、而立、而不惑、而知天命。「六十而」後面又為何多出耳朵呢？實在令人費解。

《孟子》、《荀子》、《大學》、《中庸》、《易傳》這些早期的儒家經典，也沒有任何一個地方提到「耳順」兩個字。孟子特別喜歡學孔子，如果耳順是孔子六十歲的境界，孟子沒有理由不去研究發揚。但孟子只說順天命，《易傳》裡面也同樣提到順天命。順天命的觀念在古代是可以理解的，「順」是下對上，例如順父母，順國君，順長輩這些。前面講得很清楚，五十而知天命，後面就要順天命，順著五十歲所知的天命。

有一次我在荷蘭主持一個小型的國際會議。一位學者對儒家也有一些研究，我跟他說這個「耳」是多出來的，應該是六十而順天命。他覺得很有道理，但最後加了一句，說我們外國人認為「耳順」很神祕，越神祕越好，很多人覺得它神祕，就可以作很多猜測。

確實有人猜測「耳」與聖有關。在繁體字中，「聖」字從耳從口，可見必須耳從口直，才可成聖。如果這種解釋對的話，那麼孔子自謂「六十而耳順」，豈不等於自行宣稱是個聖人或至少接近聖人了？但孔子明明說過「若聖與仁，則吾豈敢」。

朱熹用心良苦，認為耳順是「聲入心通，無所違逆，知之之至，不思而得也」。這四句話值得推敲，「聲入心通」是說聽到什麼都懂了，其實這只是「不惑」；「無所違逆」，所指不論是自己的感受或對別人意見的反應，都難逃「鄉愿」的批評；「知之之至，不思而得」可參考《中庸》的「不勉而中，不思而得，從容中道。聖人也」，也是把孔子當成聖人。

後代的學者當然可以把孔子當成聖人，但是孔子自己斷然不會認為自己在六十歲就抵達了聖人的境界。他由「志於學」著手，所學之具體內容為禮，故「三十而立」是立於禮。立身處世與人交往，四十歲明白人間應行之事的道理，所以不惑。

然後下學而上達，對個人命運及使命得到透徹的體認，是謂「知天命」。接著，六十而順天命，周遊列國，希望得君行道，安定天下百姓。到了七十歲，達到「從心所欲不逾矩」的境界，代表他與天命合二為一。因此孔子這一生，無論怎麼解釋，「耳順」都令人費解。真相可能是：「耳」字是多出來的。

【誰說孔子不幽默】

提到老師，大概每個人心情都有點嚴肅，尤其是像孔子這樣的老師，被尊為「至聖先師」，恐怕像雕像一樣，很少說話，不苟言笑，道貌岸然的。事實上真實的孔子是很有幽默感的。司馬遷在《史記・孔子世家》裡提到一段故事：孔子帶學生周遊列國，到了鄭國的時候，跟學生走散了。走散之後，孔子就在城門底下等著，等學生來找他。這時候有人跟子貢說，城門底下站了個人，腦門像堯，脖子像皋陶，肩膀像子產，腰以下比禹短了三寸，好像一條無家可歸的狗一樣。子貢找到老師，把這段話說給他聽。孔子聽了之後說：「對啊，他說的沒錯啊，我就是喪家之狗嘛。」現在有人據此把孔子說成「喪家狗」，卻不了解這其實是孔子幽默的表現。

原 孔子適鄭，與弟子相失，孔子獨立郭東門。鄭人或謂子貢曰：「東門有人，其顙似堯，其項類皋陶，其肩類子產，然自要以下不及禹三寸，累累若喪家之狗。」子貢以實告孔子。孔子欣然笑曰：「形狀，末也。而謂似喪家之狗，然哉！然哉！」

——《史記・孔子世家》

孔子平常跟學生說話，有時候語氣很輕鬆。《論語》裡有兩段很明顯地表現出來。第一段：

孔子到了武城，聽到彈琴唱詩的聲音。孔子微微一笑說：「殺雞何必用宰牛的刀？」子游回答說：「我以前聽老師說過：『做官的學習人生道理，就會愛護眾人；老百姓學習人生道理，就容易服從政令。』」孔子接著向學生說：「各位同學，偃說的話是對的，我剛才只是同他開玩笑啊。」

這裡所謂「君子」是做官的，「小人」是老百姓，學道的「道」指《詩經》裡包含的做人處事的道理。子游（姓言名偃，比孔子小四十五歲，是孔子後期學生中的佼佼者，文學科高材生）作為孔門弟子，當然從老師那裡學過《詩經》，自己在武城（今山東平邑南魏莊鄉，曲阜附近的小邑）當縣長的時候，把它拿來教化老百

原 子之武城，聞弦歌之聲。夫子莞爾而笑，曰：「割雞焉用牛刀？」子游對曰：「昔者偃也聞諸夫子曰：『君子學道則愛人，小人學道則易使也。』」子曰：「二三子！偃之言是也，前言戲之耳。」

——《論語・陽貨》

姓，教百姓唱唱詩，學習古代的藝術修養。而孔子認為《詩經》是治國的方法，子游學會之後拿來治理一個縣，有點小題大作的樣子。子游覺得老師在批評他，反駁了一通。孔子聽了，有點不太好意思，只好說：「各位同學，子游說的話是對的，我剛才呢，是跟他開玩笑。」這段話有兩個特色，第一，孔子「莞爾而笑」，笑得很可愛；第二孔子說「前言戲之耳」，代表孔子也喜歡開玩笑。他看到學生學習之後，能夠把所學運用在實際工作上，他這個當老師的當然很開心。

子游這個學生很特別。《禮記・禮運》裡說：「大道之行也，天下為公。選賢與能，講信修睦，故人不獨親其親，不獨子其子，使老有所終，壯有所用，幼有所長，矜寡孤獨廢疾者，皆有所養。男有分，女有歸。貨惡其棄於地也，不必藏於己；力惡其不出於身也，不必為己。是故謀閉而不興，盜竊亂賊而不作，故外戶而不閉，是謂大同。」這一大段描寫人類理想中大同社會的話。就是孔子參加祭典之後，出來告訴子游的，子游把它記了下來，而且學以致用，表現出孔子學生應該有的水準。

第二段體現孔子幽默感的話是在一次大難之後。

孔子被匡城（今河南長垣縣西南）的群眾所圍困，顏淵後來才趕到。孔子說：「我以為你遇害了呢！」顏淵說：「老師活著，回怎麼敢死呢？」

孔子有個弟子，曾為魯國季氏的家臣陽貨駕車。陽貨曾經鎮壓匡人，所以匡城老百姓把孔子和他的弟子團團圍住。圍住之後準備動手，孔子看情勢危險，就拿出琴來唱詩。匡人聽到傳來彈琴唱詩的聲音，就想會不會是搞錯了，陽貨這個大老粗大概不會有這麼好的修養吧？一打聽，果然認錯人了，這才跟孔子的學生道歉。危機解除之後，顏淵趕過來。兵荒馬亂之下，劫後餘生的孔子看到自己最喜愛的學生，心情大好，喜出望外。他說：「顏淵啊，我還以為你遇害了呢！」顏淵也很幽默，回答說：「老師您還活著呢，我怎麼敢死。」從這段對話可以看出他們師生之間的深厚情感。

孔子在匡城事件中，還說過一句大家很熟悉的話，「天之未喪斯文也，匡人其如予何？」上天如果不想讓我們的文化傳統消失，匡人又能對

原 子畏於匡，顏淵後。子曰：「吾以汝為死矣。」曰：「子在，回何敢死？」

——《論語・先進》

我怎樣呢？這是孔子的自信，他知道自己的使命是把文化傳統傳承下來，方法之一是教育學生。在生命遇到危險時，他把自己內心最深的信念表達出來，也跟學生開開玩笑，自我解嘲。

【孔子知不知「死」】

我一個朋友在高校擔任校長二十多年，退休後有一天碰到我，說：「你是學哲學的，能不能給我一點建議？」我問什麼建議。他說：「我現在年紀大了，很怕死，怎麼辦？」我說：「你千萬不要怕死，你要是不死才要害怕，怎麼別人都死了就你沒死呢？」當然這是開玩笑。死與生是非常自然的事情，只不過我們中國人偏偏對「死」有點忌諱。樓房沒有四樓，門牌號碼沒有四號，跟「死」相似的發音都不想聽到。最近幾年，「生死學」很熱門，很多學校開設了這樣的課程，市面上也出版很多書。有一本《西藏生死書》，我看了之後發現整本書並沒有講生，而是專門談死亡的，原文應是《西藏死者書》，但是死人的書誰敢買呢？所以寫成《西藏生死書》，讓人覺得對於生也可以了解。

孔子很少談生死的問題，《論語》裡有一段關於生死問題的對話，只不過不太湊巧，也不太理想。

子路請教如何服侍鬼神。孔子說：「沒有辦法服侍活人，怎麼有辦法服侍死人？」子路又問：「膽敢請教死是怎麼回事？」孔子說：「沒有了解生的道理，怎麼會了解死的道理？」

鬼神包括天神、地祇、人鬼等超自然的存在或力量。子路問，人應如何和他們保持適當的關係？孔子的回答很清楚：先懂得如何與人交往，然後自然知道如何與鬼神交往。在此請注意：孔子從來不曾懷疑或否定鬼神的存在，只是希望我們善盡人事，再以合宜的態度對待鬼神。子路再問死亡是什麼，孔子說「未知生，焉知死」，只有知道如何生與為何生，才能明白死的意義：若不認清生是怎麼一回事，也就不可能明白死是怎麼一回事。換句話說，離生而言死，只是誕妄；離死而言生，只是愚蒙。許多人根據這句話判斷孔子連「生」都沒有搞清楚，更不要談「死」了。死亡這個題材是所有宗教都談的話題，孔子作為儒家的代表，不能談死亡，一比就比下去了。宗教界的人會說儒家只談活著的道理，短短幾十年有什麼好談的？我們宗教談死後有輪迴、

原 季路問事鬼神。子曰：「未能事人，焉能事鬼？」曰：「敢問死？」子曰：「未知生，焉知死？」

——《論語・先進》

有審判，很多東西可談。這麼說其實很冤枉，因為孔子並不是沒有搞清楚生死，只是因材施教，這樣告訴子路罷了。如果提這個問題的是顏淵或者子貢，孔子肯定有不同的說法，偏偏提問的人是子路。子路這種行動派的學生喜歡實際的政治、軍事，不喜歡作比較思辨的、深刻的、形而上學的思考，所以孔子才會這樣回答他。子路剛強又好勇，在亂世中恐怕難以免禍，孔子為他擔心，所以提醒他要懂得如何與人相處，以及明白「生」的道理。子路後來捲入衛國父子爭位的亂局，不幸死於非命，時孔子七十二歲，非常傷心。

根據我的簡單統計，《論語》這本薄薄的書裡，「生」一共出現十六次，「死」出現三十八次，有誰敢說孔子不知死的道理？不了解死亡的人會說「殺身成仁」嗎？會說「朝聞道，夕死可矣」嗎？我以為「朝聞道，夕死可矣」是《論語》裡最深刻的一句話。早上明白了人生正道，懂得為何而生、為何而死，那麼即使晚上為此犧牲生命，也是無所遺憾的。朱熹的學生問，孔子難道不希望聞道之後有實踐道的機會嗎？例如聽懂了道，給半年時間實踐，之後再死不是比較好嗎？朱熹說，當然希望如此。但朱熹這樣講也不太對。人活在世界上，最重要的一件事是生命的轉向，生命轉向「道」，轉向光明，發生了「質變」，一切都值得；生命如果沒有轉向，做再多的好事，只是「量」，不是「質」，很可能進一步退兩步。舉兩個簡單的例子，第一個例子是耶穌被釘在十字架上，左右兩邊各釘了一個強盜。左邊的強盜嘲笑耶穌；右邊的強盜跟耶穌說，如果你真的是神的兒子，就請你原諒我吧。耶穌回答，你今天晚上就能上天堂。什麼意思？因為這個強盜覺悟了自己的錯誤，願意悔改，雖然他已經被釘在十字架上，來不及做什麼好事，但只要悔改了，就會上天堂。另一個例子大家更熟悉，是佛教所說的「放下屠刀，立地成佛」，這與孔子說的「朝聞道，夕死可矣」不是類似的意思嗎？

「朝聞道，夕死可矣」包含著深刻的宗教情懷，而孔子所堅持的「道」就是「仁」。他說：「志士仁人，無求生以害仁，有殺身以成仁。」行仁即是人生的目的所在。人有自然的生命，隨著時間的演進，走過生老病死的過程；但是沒有人會以死亡為人生目的，卻總是設定一些值得奮鬥的價值理想，例如個人的人格修養、事業成就、嘉言懿行或者家族的生命綿延、聲名美譽，以及國家社會的繁榮安定，由小康走向大同等。這些價值理想的範圍很廣，但是可以用一個字，「仁」，來概括，其要點則是：每一個人活在世間，都有重要的使命，應該珍惜生命，好自為之。

【孔子有無信仰】

常常有人問我，孔子到底有沒有信仰？這是非常嚴肅的問題。我的答案是：當然有。但是孔子從來不談他的信仰，為什麼？因為信仰是人內心最深刻的關懷，不能隨便說，況且孔子也不是宗教家。我們可以從他最謹慎的三件事，看出他對信仰的態度。孔子以慎重的態度對待的三件事是：齋戒、戰爭、疾病。

這三件事是有順序的，排第三的是疾病。孔子對於什麼食物不吃，什麼食物不多吃，非常謹慎。他生病時，會小心不亂吃藥，因為古代醫藥衛生不太發達，人一生病，一不小心就很難治好了，豈能不慎？排第二的是戰爭。孔子對戰爭的態度很謹慎，因為戰爭是群體的作戰，決定國家的興衰榮辱與個人的生死存亡。孔子認為戰爭不

原 子之所慎：齋、戰、疾。

——《論語・述而》

到絕對必要時，根本毫不考慮。他稱讚六個人合乎行仁的要求，但其中五位的遭遇都相當悲慘，只有一位管仲得享榮華富貴。孔子為什麼稱讚他？因為管仲利用外交手段避免了戰爭，讓春秋初期各國之間透過外交和約而維持和平。孔子說：「微管仲，吾其被髮左衽矣。」（《論語．憲問》）沒有管仲的話，我們可能已經淪為夷狄，披頭散髮，穿著左邊開口的衣襟了。「被髮左衽」是北方少數民族的習俗，管仲輔佐齊桓公運用外交政策抵禦北方民族侵擾中原地區，保護了周王室與諸侯國，使中原的典章制度和傳統文化不至於消亡，所以孔子稱讚他。

但孔子最謹慎的事是「齋戒」，這恐怕是很多人沒有料到的。孔子對於齋戒的謹慎超過對個人疾病和群體戰爭的擔憂。為什麼？因為古人齋戒只有一個目的：祭祀。祭祀的對象是祖先與神明，合稱鬼神。齋戒在順序上排第一，表明孔子對於鬼神的誠敬態度。他尊重人的理性與職責，但並未因此懷疑、否定鬼神的存在。他對於祭祀的表現，論語中有一段話：「祭祀時有如受祭者真的臨在。祭鬼神時有如鬼神真的臨在。孔子說：『我不贊成那種祭祀時有如不祭祀的態度。』」

前兩句話不是孔子說的，是弟子對他祭祀時的描述，形容他的虔誠。「如」在弟子看來是「好像」，在孔子則真心相信祖先成為鬼神，祭祀時莊重虔誠，好像祖先站在面前一樣。學生問他，老師祭祀時這麼莊重是怎麼回事呢？孔子說了一句話：「吾不與祭如不祭」。一般的解釋，連朱熹注解的《論語》在內，都斷句成「吾不與祭，如不祭」，翻譯成「我沒有參加祭祀，就好像我沒有祭祀一樣。」這根本不成話，難道別人沒有參加祭祀，可以像是祭祀過一樣嗎？合理的斷句應是「吾不與，祭如不祭」，我不贊成那些祭祀時好像不在祭祀的人，亦即心不在焉、馬馬虎虎的人。唐朝韓愈提到這句話，說孔子「譏祭如不祭者」，祭祀時態度散漫、隨便，好像不在祭祀的人，孔子是予以譏諷和批判的。為什麼？祭祀是何等重要的事，如果對祖先也心意不誠，又怎能對別人講求信義呢？對個人如此，對國家亦然。當時漸入亂世，人心浮動不安，信仰也趨於世俗化，祭祀是為了現實功利，缺乏虔誠態度。孔子除了以身作則，還能多說什麼？但是無論如何，他公然反對「祭如不祭」的人，也算表達了一番

原 祭如在。祭神如神在。子曰：「吾不與，祭如不祭。」

——《論語・八佾》

苦心。

從孔子對待祭祀的態度中可以看出，孔子當然有信仰。古人有宗教信仰是非常普遍的現象。《詩經》說：「天生烝民」，天是老百姓生命的最後根源。老百姓不是父母生的嗎？當然，不過父母再由父母所生，往上推溯，推到最後還是要有個最後根源，古人稱它作「天」，亦即相信「天生烝民」。這是中國傳統的信仰，這種信仰的影響非常深遠。帝王作為人間的統治者，被稱作「天子」，天的兒子，代表他政治權力的合法基礎來自全民信仰的「天」。「天」是老百姓的父母，天子替天行道，所以天子有義務照顧老百姓，這是他的「天命」。孔子也信「天」，但他有一個轉變叫「五十而知天命」。以前很少有人敢說這樣的話，因為天命是神聖的符號，只有帝王可以得到天命，但孔子說他五十歲時了解了自己的天命，亦即講明人性自覺的潛能與使命，像「木鐸」一樣，教化百姓，喚醒蒼生。換句話說，從孔子開始，每個人都可以覺悟到自己的天命。以儒家來講，這個天命就是肯定人性向善，這一生要擇善固執，最後止於至善。這是每個人都應該做到的要求，每人都有的天命。

原來孔子這樣說

國家圖書館出版品預行編目 (CIP) 資料

原來孔子這樣說 / 傅佩榮著 . – 增訂新版 . --
臺北市 : 九歌出版社有限公司 , 2021.06
面 ; 公分 . -- (傅佩榮作品集 ; 22)
ISBN 978-986-450-348-3(平裝)
1.(周) 孔丘 2. 學術思想 3. 儒家
121.23 110006338

作 者——傅佩榮
創 辦 人——蔡文甫
發 行 人——蔡澤玉
出 版——九歌出版社有限公司
台北市 105 八德路 3 段 12 巷 57 弄 40 號
電話／02-25776564・傳真／02-25789205
郵政劃撥／0112295-1

九歌文學網 www.chiuko.com.tw

印 刷——晨捷印製股份有限公司
法律顧問——龍躍天律師 · 蕭雄淋律師 · 董安丹律師
初 版——2010 年 9 月 10 日
增訂新版——2021 年 6 月
定 價——300 元
書 號——0110822
I S B N——978-986-450-348-3